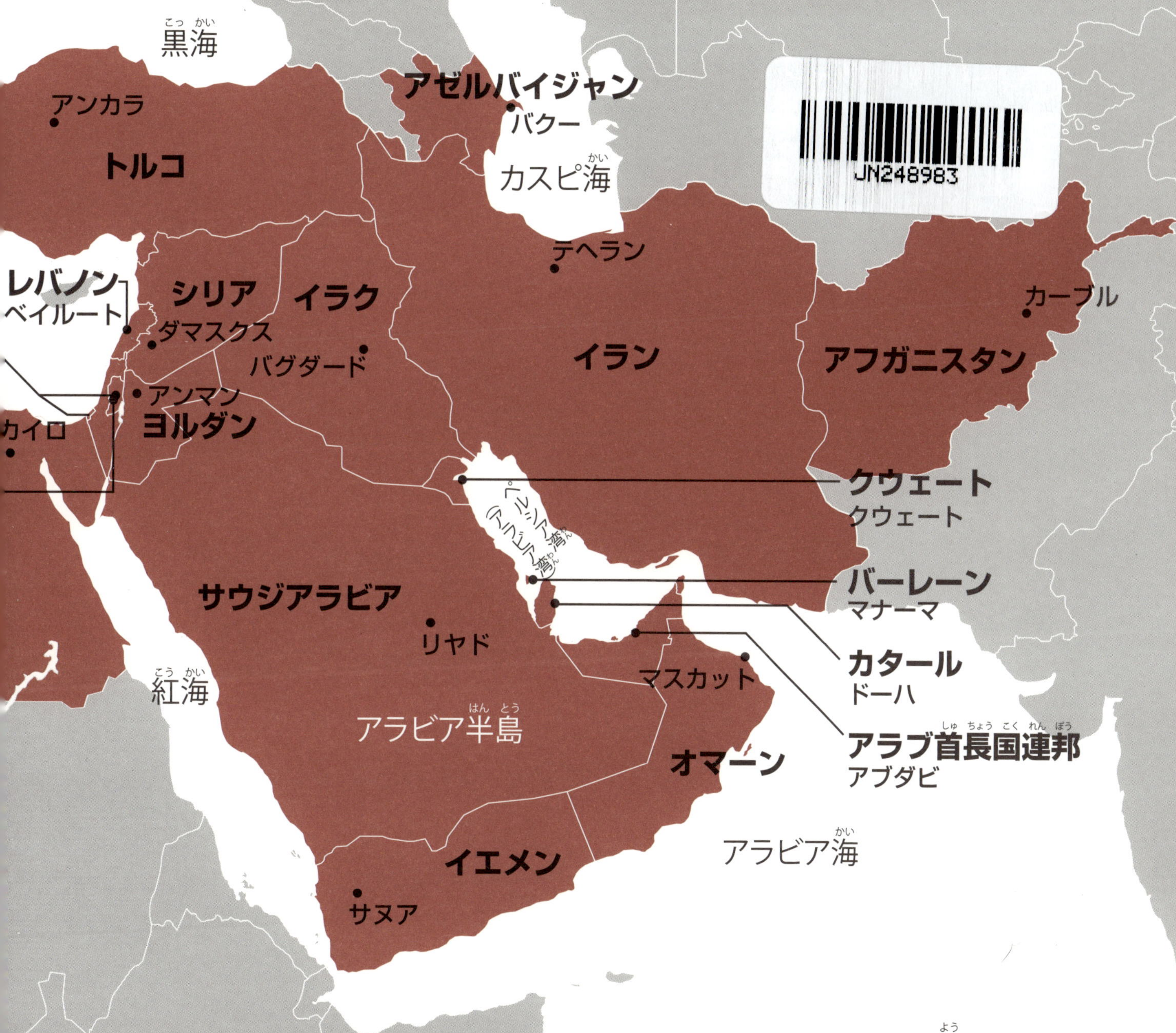

地図で見る中東

中東は、中央アジア南部から、アラビア半島、ペルシア湾沿岸、地中海東岸、さらには北アフリカにまたがる地域です。この本では、東はアフガニスタンから西はモロッコ、北はトルコから南はイエメンまでの国々をふくめて紹介しました。

※1 パレスチナを国家とみとめている国もあるが、日本はみとめていない。
※2 自治政府所在地。
※3 イスラエルは首都と主張しているが、日本をふくめ国際的にはみとめられていない。

イスラーム誕生から二十世紀まで

中東の歴史

Q&Aで知る中東・イスラーム 2

イスラーム誕生から二十世紀まで
中東の歴史

監修のことば

元北海道教育大学教授
宮崎 正勝

わたしたちの国は、江戸時代までは中国文明、明治時代以後はヨーロッパ文明、戦後はアメリカ文明から多くのことを学んできました。しかし、中東・イスラーム文明は、長いあいだ空白になっていて、そのために世界像が片よっていました。エネルギー資源の大部分をたよっていることもあり、最近は高等学校「世界史」でも中東・イスラームの歴史が重視されるようになりました。これを機にみなさんにも、中東・イスラームの歴史に興味をもっていただけると幸いです。

世界でもっとも古い文明（メソポタミアやエジプト）は中東でおこり、最古の大帝国も中東のペルシア帝国です。ペルシア人の覇権は約千年つづき、東西の文明に大きな影響をあたえました。彼らの太陽神は、大乗仏教にとりいれられて弥勒仏になり、ローマ帝国では軍神ミトラとして信仰されました。ペルシアの文物や織物、スイカ、キュウリなどはシルクロードを通ってわたしたちの国にも伝えられ、その一部が正倉院に保存されています。7世紀なかごろ以降､中東はイスラーム（イスラーム教）の時代にはいり、海の道、シルクロード、草原の道による大規模な商業がおこなわれました。9世紀には、イスラーム商人が「黄金の国ワクワク」（倭国）として、わたしたちの国の情報を中東に伝えています。またアラビア数字、十進法、代数、小切手、ウィスキー・ウォッカ・焼酎の蒸留を可能にした蒸留器、ソファー、パジャマなども中東起源です。11世紀以降は中央アジアのトルコ人が、第一次世界大戦後はイギリス、フランスが中東を支配（サイクス・ピコ協定）し、現在は、イラク戦争、シリア内戦などで、中東・イスラームは不安定な時期にはいっています。これを対岸の火事とせず、恒久平和への道しるべとしたいものです。

もくじ

語りつがれるトルコ軍艦遭難事故

1890年（明治23年）9月16日、オスマン帝国（いまのトルコ）の軍艦エルトゥールル号が帰国のとちゅう台風にあい和歌山県紀伊大島付近で座礁し、水蒸気爆発をおこして沈没しました。紀伊大島の住民は総出で救助活動にあたり、生存者69人（死者・行方不明者587人）を手あつく介抱しました。このできごとはトルコ国内で世代をこえて語りつがれ、両国の友好関係を深めてきました。2015年から和歌山県の串本町役場で働く、トルコ出身のジュブリエ・アイシェギュル・アルカンさんにお話をうかがいました。

2010年に樫野崎の遭難慰霊碑でおこなわれた120周年追悼式典

Q．エルトゥールル号の遭難事故の話は、いつ知ったのですか？

トルコでは小学校や中学校の教科書で学ぶ人もいるようですが、わたしはアンカラ大学の日本語・日本文学科に入学してからです。それまで知らなかったことを、はずかしく思いました。そして、いつか日本に行き、串本町をたずねてみようという夢をいだくようになりました。

その夢は、意外に早く実現しました。大学生のときに日本語弁論大会で優勝し、交換留学生として大阪大学で1年間学ぶ機会があたえられたのです。大阪で知りあった人が串本町出身で、わたしの夢を話すとすぐに町にさそってくださいました。慰霊碑やその近くのトルコ記念館を見学して、遭難事故の話をくわしく知ることができたのです。

遭難事故のことは、串本町役場のホームページに紹介されているので、ぜひ開いてみてください。

エルトゥールル号遭難慰霊碑に献花する生徒

Q．串本町に住み、町役場に勤めるようになったのは、どんなきっかけからですか？

串本町をおとずれたときにお世話になった町役場の方との交流を通して、町の地域おこし協力隊員を募集していることを知り、応募したのがきっかけです。トルコとの長い友好関係にもかかわらず、これまでトルコ人が1人も住んだことがない町の最初のトルコ人になれるというのも魅力でしたね。
それで、トルコで勤めていた鉄鋼会社を退職して、2015年に串本町に移住しました。その年は「125周年追悼式典」がおこなわれることになっていて、翻訳や通訳の仕事で大いそがしでした。また、年末には日本とトルコの合作映画「海難 1890」(田中光敏監督／東映)が公開されました。わたしは、この映画を3回みたのですが、毎回、大泣きしてしまいました。

Q. 遭難事故から現代のわたしたちが学ぶべきは、どんなことだと思いますか？

受けた恩を忘れない、ということではないかと思います。遭難事故のときは、大島の人々が総出で生存者に衣類や食料を提供し、食料が不足すると非常用に飼っていたニワトリまで調理してさしだしたそうです。自分たちのことは二の次にして、目の前にこまった人がいれば助けるという精神に、トルコの人々は感動しました。じつはわたしもあとで知ったのですが、イラン＝イラク戦争のさなかの1985年3月、2機のトルコ航空機が危険をかえりみずにテヘランの空港に降りたち、215人の日本人を救出しました(→43ページ)。なぜ助けてくれたのか日本政府もマスコミも知らなかったそうですが、後日、駐日トルコ大使が出したコメントで、その理由がわかりました。それは、「わたしたちは、エルトゥールル号の借りを返しただけです」というものでした。95年前の恩返し、というわけです。
国と国だけでなく、人間同士も、そのような気持ちをもちあえば、争いはもっと少なくなるはずだと思います。

Q. 串本町の魅力を教えてください。

なんといっても、町民の方々がやさしいことですね。そのやさしさにふれると、エルトゥールル号の遭難事故のときもきっと同じだったのではないかと思います。つぎに、美しい景色です。とくにジブリのアニメーションに出てくるような高原や森が、好きです。休日には、山歩きをしてすてきな風景を発見するのが楽しみです。町の方々でも知らない場所が、たくさんありますよ。
串本町は本州最南端に位置し、昔からの漁師町です。わたしが生まれ育ったトルコのアイドゥンもエーゲ海に面する港町なので、食材には共通する点が多く、くらしやすいというのが実感です。現在、町では観光に力を入れていて、語り部の方とゆかりの地をめぐるツアーなども開催していて、わたしも町のトルコ文化協会の会員として協力しています。

Q. これからの夢は？

現在、串本町と紀伊大島は「くしもと大橋」でむすばれています。この橋のように、トルコと日本の友好のかけ橋になるような仕事をしていきたいというのが、わたしの夢です。
そして、わたしを受けいれてくださった串本町の方々に、いつになるかわかりませんが、かならず恩返しをしたいと決意しています。

ジュブリエ・アイシェギュル・アルカン
1990年、トルコ共和国アイドゥンに生まれる。国立アンカラ大学を卒業後、トルコと日本の合弁会社に就職。2015年から地域おこし協力隊員として串本町役場総務課に所属。串本町トルコ文化協会会員。

エルトゥールル号遭難事故

軍艦エルトゥールル号
1890年、オスマン＝パシャ提督を団長とする親善使節団を乗せて、横浜港から帰国するとちゅうで座礁し沈没するという事故がおきた。

神戸の病院での軍艦乗組員と日本人医療関係者
明治天皇は主治医を、皇后は看護婦13人を病院に派遣し、さらに乗組員には入院患者が着る白衣を贈った。

串本町紀伊大島と沈没現場の位置(×印)
串本町は人口約16600人で、本州最南端に位置する。紀伊大島とのあいだは、1999年に開通した「くしもと大橋」でむすばれている。

この本の使い方

この本では、古代から20世紀までの中東の歴史について紹介していきます。1見開きごとの「Q&A」形式となっていて、写真や絵をそえてくわしく解説しています。

質問
タイトルは、質問形式で見開きのテーマを表しています。

答え
質問に対する答えです。ページ全体でくわしく解説しています。

関連ページ
くわしく解説しているページを表しています。

欄外コラム
ためになる豆知識の紹介、文中に出てくる用語の解説をしています。

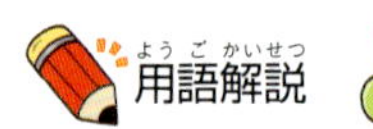
用語解説

豆知識

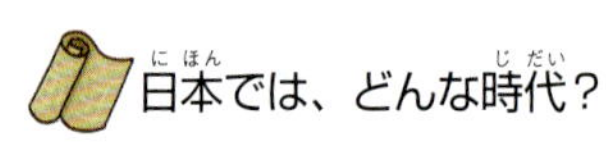
日本では、どんな時代？

コラム
関連することがらを、よりくわしく解説しています。

●基本的な用語の説明

中東……中央アジア南部から、アラビア半島、北アフリカにまたがる地域のこと。この本の前見返しに地図があります。

イスラーム……7世紀におこった、世界で16億人が信じる大きな宗教。イスラム教、イスラーム教ともよばれる。

ムスリム……イスラームを信じている人々のこと。イスラーム教徒。中東や東南アジアに信者が多い。

ムハンマド……7世紀に神アッラーから啓示（教え）をあずかり、イスラームをおこした預言者。

スンナ派……イスラームの2大宗派のひとつ。スンナは慣習という意味。中東でのおもな大国はサウジアラビアやトルコなど。

シーア派……イスラームの2大宗派のひとつ。シーアは党派という意味。中東でのおもな大国はイラン。

オスマン帝国……1299～1922年、アナトリア半島（いまのトルコの一部）を中心に栄えたイスラーム国家。

中東戦争……イスラエルとアラブ諸国の戦争のこと。1948～1973年のあいだに大規模な戦闘が4回あった。

石油……地下からとれる資源。とれたままのものを原油、とれるところを油田という。ガソリンやプラスチックなどの原料。

この本では、イスラーム教を「イスラーム」、イスラーム教徒を「ムスリム」、コーランを「クルアーン」と表記しています。

シリーズ「Q&Aで知る中東・イスラーム」全5巻

1『なにがおきてる？　現代の中東ニュース』

2『イスラーム誕生から二十世紀まで　中東の歴史』

3『イスラームの人々・ムスリム　そのくらしと宗教』

4『砂漠と石油と水と都市　中東の地理と産業』

5『地図・写真・データで見る　中東の国々』

1章 イスラームの誕生

▲サウジアラビアのメッカにあるカーバ神殿。イスラーム（イスラーム教）の最大の聖地になっている（→12ページ）。

紀元前5500年ごろ～

世界最古の文明は、なぜ中東でおこったの？

ウルのジッグラト（上）とウルクの大杯（右）
ジッグラトは前25世紀シュメール人がメソポタミアに築いた階段状の丘で、頂上に神殿がある。ウルのジッグラトは高さが25mあり、日干しれんがを積みあげ、アスファルトでかためてつくった。ウルの北の都市国家ウルクでは、川の流域での牧畜とムギ栽培をえがいた大きな杯が出土した。

©Erich Lessing/PPS通信社

●肥よくな三日月地帯

西アジアと、そのまわりの地域をふくむ中東とよばれている地域では、雨が少なく、一年じゅう気温が高いため砂漠や草原が広がっています。

そこでは、古くから人々がラクダや羊、ヤギなどを育てる牧畜をおこなってきました。また砂漠のなかのオアシスや川の流域では、ムギやナツメヤシ、オリーブなどを栽培する農業がおこなわれてきました。

世界最古の文明は、こうしたきびしい自然のなかにくらす人々の、知恵と知識の積みかさねから誕生しました。

とくにティグリス川とユーフラテス川にはさまれたメソポタミア（川のあいだの土地という意味）から地中海東岸にかけての地域では、いまから7500年も前から、川の水を利用したかんがい農業がおこなわれ、「肥よくな三日月地帯」とよばれました。そこでとれる豊かな作物やくだものをもとめて周辺から多くの民族が集まって都市ができると、たがいに富や土地をうばいあい、異なる民族や部族を支配するようになりました。

前16世紀のオリエントと肥よくな三日月地帯
地中海東海岸からメソポタミアにかけての三日月地帯では、野生のヤギなどを飼う牧畜や、ムギを栽培する農業がおこなわれた。

中東
19世紀以降ヨーロッパから見て東方にあるアジアを、ヨーロッパに近い方から「近東」「中東」「極東」の3つに分けたときの地域名。いまの西アジアとエジプトなどを中心とした地域をさす（→4巻10ページ）。

A ナイル川、ティグリス川、ユーフラテス川の流域に農業が発達して人々が集まったからだよ。

●王が神にかわって政治をおこなう

エジプトのナイル川は、決まった時期に洪水をおこして上流から肥えた土を運んできたため、古くからかんがい農業がおこなわれてきました。洪水を管理するための大規模な治水やかんがいをおこなうには、強大な力をもつ指導者が必要でした。

前 3000 年ごろ、エジプトではファラオとよばれる王が治める統一国家が誕生しました。また、メソポタミアでは、ほぼ同じころにシュメール人による、都市を基本とする国家が数多く誕生しました。

こうした古代エジプト王国やメソポタミアの都市国家では、宗教の力で王が国を治める神権政治がおこなわれました。戦争に勝利する神や、洪水を防ぐ治水の神など、さまざまな神の力が、王の権威の支えになっていたのです。

©Alamy/PPS 通信社

ギザの三大ピラミッド
ピラミッドは、太陽神ラーの子であるファラオの権力の大きさを示すためにつくられたとされている。死後にファラオが天にのぼる階段ともいわれるが、この巨大な構造物がどんな役割をもっていたのかはっきりしていない。

●古代オリエントの統一

前 24 世紀のメソポタミアでは、アッカド人がシュメール人の都市国家を征服して、最初の統一国家をつくりました。

しかし、前 20 世紀ごろメソポタミアに侵入したアムル人が、統一国家をほろぼして、前18 世紀にバビロン第一王朝をおこしました（→左ページ地図）。ハンムラビ王の時代には、ハンムラビ法典を定めて強力な法治政治をおこないました。さらに前16世紀はじめには、アナトリア半島（小アジア）のヒッタイト人が、鉄製武器を手にしてメソポタミアに侵入し、バビロニア王国をほろぼしました。

このように古代オリエントでは、文明のもたらした豊かさをもとめて侵入する異民族との戦いが、しばしばおこなわれました。

Nejdet Duzen/Shutterstock.com

EvrenKalinbacak/Shutterstock.com

ヒッタイトの戦車チャリオット（左）と首都ハットウシャの獅子の門（上）
はじめて鉄の武器を使って急速に勢力をのばしたが、外敵の侵入や内輪もめでほろんだといわれる。

文字の誕生とその広がり

人類最初の文字は、前 3200 年ごろシュメール人の都市国家ウルクなどで使われた絵文字とされています。その約 200 年後、メソポタミアでは楔形文字が、エジプトでは象形文字が考案されました。これらは王家の歴史や税などを記録するために使われました。さらに前 12 世紀ごろ、地中海東岸のフェニキア人が船で交易するようになると、最古の表音文字でアルファベットのもとになったフェニキア文字が考案され、広がっていきました。

「死者の書」（左）と「ハンムラビ法典」（右）
「死者の書」では、古代エジプトの象形文字ヒエログリフが使われ、「ハンムラビ法典」では、楔形文字が石板にきざまれている。

Kamira/Shutterstock.com

日本では、どんな時代？
日本列島で人々が住むようになったのは、3 万年前あるいは 2 万年前とされ、狩猟・採集生活をしていた。約 1 万 5000 年前には縄文土器がつくられて煮たきがはじまり、5000 年前ごろには、クリやクルミなどの栽培がおこなわれていた。

■紀元前 2700 年ごろ～

イスラーム以前に、どんな宗教がさかんだったの？

●人間と神が共存する多神教

農業が最初におこったメソポタミアやエジプトでは、自然そのものをあがめ、たくさんの神の存在をみとめる多神教が信じられていました。たとえば前 2700 年ごろメソポタミアに都市国家を築いたシュメール人は、はじめ天空や風、大地などの 77 神を信じていましたが、農業が広まると豊作と戦争の女神イシュタルをあつく信仰するようになりました。それらは、やがて古代ギリシアの女神アフロディテ、古代ローマの女神ヴィーナスへとつながっていったのです。

前 7 世紀ごろ中央アジアのイラン人のあいだではゾロアスター教という多神教が広まりました。この宗教では、最高神アフラ=マズダが、すべての善と人間を創造したとされます。また、その双子の子の一人は善と正義を選び、もう一人はアーリマン（悪の魂）となってあらゆる悪を犯すようになったとされます。その争いが世のなかに広まり、最後に善を選んだ人は天国へ、悪を選んだ人は地獄に落ちると説かれました。

●一神教が説く「最後の審判」

ゾロアスター教の教えでは、神のことばを伝える天使と人間の信仰を試す悪魔がいて、「最後の審判」によって、善人は天国へいけるが、悪人は地獄に落とされるとされました。この教えはユダヤ教と後のキリスト教に受けつがれ、神を唯一絶対とする一神教として広まりました。

ユダヤ教は、遊牧民ヘブライ人（ユダヤ人）の社会でうまれました。前 1500 年ごろヘブライ人は、地中海東岸のパレスチナに定住しましたが、一部の人はエジプトに移住し、さまざまな困難のすえ、前13 世紀にパレスチナにもどりました。

一時は統一国家をたてて栄えますが、国の分裂や他民族の侵略など苦難を味わい、前586 年には住民の多くが新バビロニアの首都に連れさられました（バビロン捕囚）。

約 50 年後、捕囚民は帰国を許されますが、そのあいだにヘブライ人は唯一神ヤハウェに選ばれた民族として、いつかは救世主（メシア）に救われるという信仰を確立しました。

古代メソポタミア神話の神々
男神マルドゥク（右）は太陽神で、世界と人間の創造神とされる。神々の母で怪物の姿をした女神ティアトマ（左）と戦い、その体をふたつに分けて天と地をつくったという。

ミケランジェロ作「最後の審判」
ローマ・カトリック教会の総本山サン=ピエトロ寺院のシスティーナ礼拝堂の祭壇にえがかれた、縦 13.7 m、横 12 m のフレスコ画。約 5 年かけて 1541 年に完成した。

多神教の日本
古代日本では「八百万の神」といわれるほど、多くの神々がいるとされた。そのなごりは、現代にも存在するたくさんの神社にある。ことわざの「捨てる神あれば、拾う神あり」は、たくさんいるなかには救ってくれる神様がかならずいるということだ。

自然や人の祖先を神々としてうやまう多神教と、ユダヤ教やキリスト教などの一神教が広まっていたよ。

●キリスト教の誕生

ユダヤ教徒であるヘブライ人のさらなる苦難は、地中海一帯を領土とするローマ帝国に支配されたことでした。しかしきびしい税金とりたてや支配に抵抗して、各地で反ローマ運動がおきます。

そのなかで神の子として運動の先頭に立ち、「最後の審判」が近いことを告げ、神の絶対愛と隣人愛を説いたのがイエスでした。結局、イエスはローマへの反逆者として、処刑されてしまいました。

しかし、処刑後、弟子たちは、その復活を信じ、イエスを救世主とする、キリスト教をおこしました。キリスト教は、弟子たちによってローマ帝国内に広められます。はじめはきびしい迫害を受けましたが、それにくじけず布教をつづけました。その結果313年に皇帝が布教をみとめ、392年にはローマ帝国の国教になったのです。

絵：梅田紀代志

十字架にはりつけになるイエス
イエスもユダヤ人だったが、ローマ軍とそれに協力的なユダヤ教の指導者たちを批判したため、エルサレムのゴルゴタの丘で処刑された。

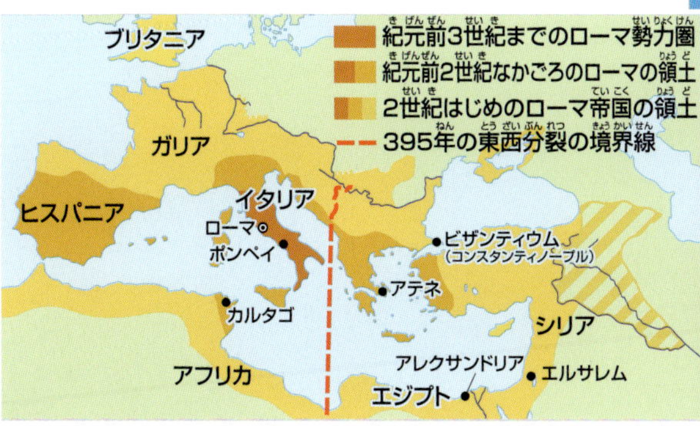

古代ローマの領土拡大

アウグストゥス
ローマ帝国の初代皇帝。前27年に地中海世界を統一し、安定した支配をつづけてパクス・ロマーナ（ローマの平和）のもとを築いた。

火をあがめる ゾロアスター教

ゾロアスターが創始した宗教で、昼の光と夜の闇、善と悪などの対立をもとにする二元論が特徴です。前6世紀から200年ほど栄えたイラン人の国家、アケメネス朝の国教となりました。イスラーム（イスラーム教）が登場するまでの約1000年間、中東の中心的宗教でした。火を礼拝したことから、「拝火教」ともいわれます。また、死者を鳥についばませることで死体処理をおこなう鳥葬が特徴です。その場所は「沈黙の塔」とよばれています。

アフラ＝マズダ
鳥の姿をした、知恵の神である最高神。すべての善と人間を創造したとされる。

イランのヤズドにある「沈黙の塔」
丘の上の円形の塔の上で鳥葬がおこなわれた。

日本では、どんな時代？
前4世紀ごろ、中国大陸や朝鮮半島から稲作や鉄器の製造技術が伝わった（弥生時代）。農具が鉄でつくられるようになって耕作技術が向上し、農業生産がふえた。また、鉄でつくった武具は戦闘力をたかめたため、各地で土地をめぐる戦争がおきるようになった。

■6世紀ごろ～7世紀前半

イスラームは、どのようにしておこったの？

●イスラームをおこしたムハンマドの誕生

繁栄をきわめ、領土を広げすぎたローマ帝国は、395年東西に分かれました。その後、西ローマ帝国はゲルマン人にほろぼされますが、東ローマ帝国は、ビザンツ帝国（→下）とよばれて発展をつづけ、6世紀には全盛期をむかえました。

いっぽう、前3世紀から中東を支配してきたパルティア王国をほろぼしたササン朝は、中央アジアの交易路シルクロードを支配して、6世紀後半からビザンツ帝国と領土をめぐって激戦をくりかえしました。そのため、ペルシア湾からユーフラテス川をさかのぼる交易路はおとろえ、紅海からアラビア半島西岸やシリアにいたるラクダによる陸上の隊商貿易がさかんになりました。

イスラーム（イスラーム教）をおこしたムハンマドは、この時代に生きた人でアラビア半島西岸の都市メッカの商人でした。570年ごろ名門商人ハーシム家に生まれましたが、生まれる前に父親をなくし、おさないころ母親までも失って、そのあとは祖父やおじのもとで育てられました。やがて、成長したムハンマドは、誠実な商人として名を上げていきます。（→3巻22ページ）

イスラーム誕生までのアラビア半島周辺
アラビア半島の北では、ササン朝ペルシアとビザンツ帝国が勢力争いをしていた（■の領域）。

預言者ムハンマドの誕生
メッカのカーバ神殿（中央）のまわりで、ムハンマドの誕生を祝って天使が舞いおどるようすがえがかれている。

ムハンマド（左）に近づく天使（右）
天使が天からおりてきて、神の言葉を伝える場面。ムハンマドの顔が白いベールでおおわれているのは、偶像崇拝を禁じているためだ。

神は姿がない
存在なんだって

●アッラー信仰への目覚め

ムハンマドは25歳のとき、15歳も年上のハディージャと結婚しました。その後、生活は安定したものの、急速な発展をとげるメッカでは富が満ちあふれてはいても、貧しい人や身寄りのない人に救いはありませんでした。

40歳をむかえたムハンマドは、それまでの人生をふりかえり、メッカ郊外のヒラー山の山頂付近の洞くつで瞑想にふけるようになりました。ある月の明るい夜、瞑想していたムハンマドは、「心にうかぶ神のことばを誦め」という天使ガブリエルの声を聞きます。これにより唯一絶対の神アッラーへの信仰に目覚めたムハンマドは、神の言葉をあずかり広める預言者としてイスラームの布教をはじめます（→3巻22ページ）。そして、メッカのカーバ神殿での偶像崇拝があやまりであることなども、啓示を通じて人々に説くようになります。

ビザンツ帝国
東ローマ帝国の別称で、首都コンスタンティノープルの旧称ビザンティウムにちなむ。キリスト教のひとつギリシア正教をもとに独自の文化圏をつくったが、7世紀以降イスラーム勢力の侵攻でおとろえ、1453年にオスマン帝国に征服された。

人々がいくさや貧しさで苦しむなか、預言者であるムハンマドが登場して、神の教えを広めていったんだ。

●メッカからメディナにうつる

古くから遊牧部族の神々をまつってきたカーバ神殿は、イスラームで禁止されている偶像崇拝の場でした。メッカでの布教で、これを批判するのは、メッカの人々を敵に回すことになります。町の有力者たちは、やがてムハンマドの布教活動を妨害したり、迫害したりするようになりました。

身の危険をさとったムハンマドは、622年、70人ほどの信徒とともにメディナに移住しました。これをヒジュラ（聖遷）といいます。そのころのメディナは、ナツメヤシを栽培するオアシス集落で、周辺のアラブ人遊牧民も多くの部族に分かれて争っていました。争いの調停に成功したムハンマドは、それらの遊牧民たちに信仰を説き、70人ほどの信徒を新たにくわえました。

©Alamy/PPS 通信社

メッカ巡礼に向かう信徒一行
遊牧民におそわれないよう護衛をつけ、おおぜいでキャラバンを組んで聖地メッカへの巡礼をおこなった。

●カーバ神殿を信仰の中心に

メディナで140人ほどになったムハンマドの勢力は、共同体「ウンマ」を組織しました。さらに砂漠で抗争をつづける遊牧民たちに対しても、安全と引きかえにウンマに組みいれることに成功しました。

こうしてイスラーム共同体を急成長させたムハンマドは、約1万人の軍隊を率いてメッカにせめいって町を解放し、カーバ神殿内の偶像を破壊するとともに、偶像をとりさった神殿そのものをイスラーム信仰の中心としました。

やがてアラビア半島を統一したムハンマドでしたが、632年にメディナで63年の生涯を閉じました。しかし、その後イスラームは、急速に広まっていきました。

3つの一神教の聖地エルサレム

中東の都市エルサレムの旧市街には、キリスト教の「聖墳墓教会」、ユダヤ教の「嘆きの壁」、イスラームの「岩のドーム」と、3大一神教の聖地がとなりあうように集まっています。そのため、キリスト教とイスラーム、ユダヤ教とイスラームのあいだで、それぞれの聖地をめぐる争いが長くつづいてきました（→1巻23ページ）。

エルサレム旧市街と聖地

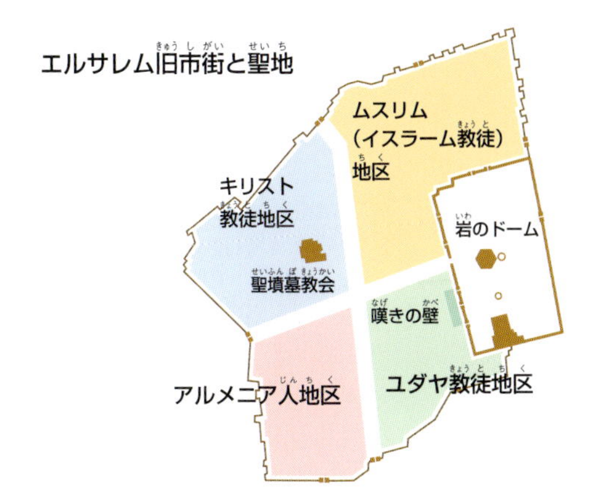

Alexey Stiop / Shutterstock.com

嘆きの壁
ユダヤ人がローマ帝国に抵抗して、国を追われるきっかけとなった神殿の一部。

Aleksandar Todorovic/Shutterstock.com

聖墳墓教会
ゴルゴタの丘のイエスの処刑地とされる場所にたつ教会。イエスのものとされる墓もある。

Aleksandar Todorovic/Shutterstock.com

岩のドーム
ムハンマドが、生前天国へのぼっていったとされる岩の上にたつ。金色のドーム屋根をもつモスクである。

日本では、どんな時代？
ムハンマドがイスラームをおこした7世紀前半には、中国から伝わった仏教が広まり、聖徳太子が憲法十七条を制定したり、法隆寺をたてたりした飛鳥時代にあたる。そのいっぽうで、政治や文化が中国風にかわることで、物部氏と蘇我氏の対立がおこる。

7～8世紀

イスラームは、どのように広まったの？

●正統カリフ時代と勢力の拡大

632年にイスラーム（イスラーム教）をおこしたムハンマドがなくなると、後継者をめぐって古くからの信徒と新しい信徒とのあいだで対立がおきてしまいます。

その結果、ムハンマドの古くからの友人で、つねにいっしょに行動していたアブー＝バクルが、初代カリフ（ムハンマドの代理人→20ページ下）に選ばれました。

それ以降、第２代ウマル、第３代ウスマーン、第４代アリーまでのカリフの時代を、正統カリフ時代といいます。こうしてイスラーム勢力は、アラブ遊牧民をまとめて反イスラーム勢力との、ジハード（聖戦）といわれる活動を通じて、アラビア半島からシリア、エジプトなどへ領土を広げていきました。

●カリフの座をめぐって教団内が分裂

イスラーム共同体では、領土の拡大とともに、そこから得る富をどう配分するかがいつも問題になりました。イスラーム社会では、地租と人頭税（→下）を征服地の人々に課して、それで財政をまかなうしくみになっていました。これに対して、恩恵を受けられない信徒や兵士たちのあいだで、不満をもつ者がしだいにふえてきたのです。

そのため、３代カリフのウスマーンが暗殺されると、ムハンマドの従兄で娘むこでもあるアリーが「ムハンマドと血のつながる者がカリフになるべき」と主張して、有力部族を無視して４代カリフの座につきました。

このことが、イスラーム共同体がシーア派とスンナ派（→3巻19ページ）に分裂する引き金になったのです。

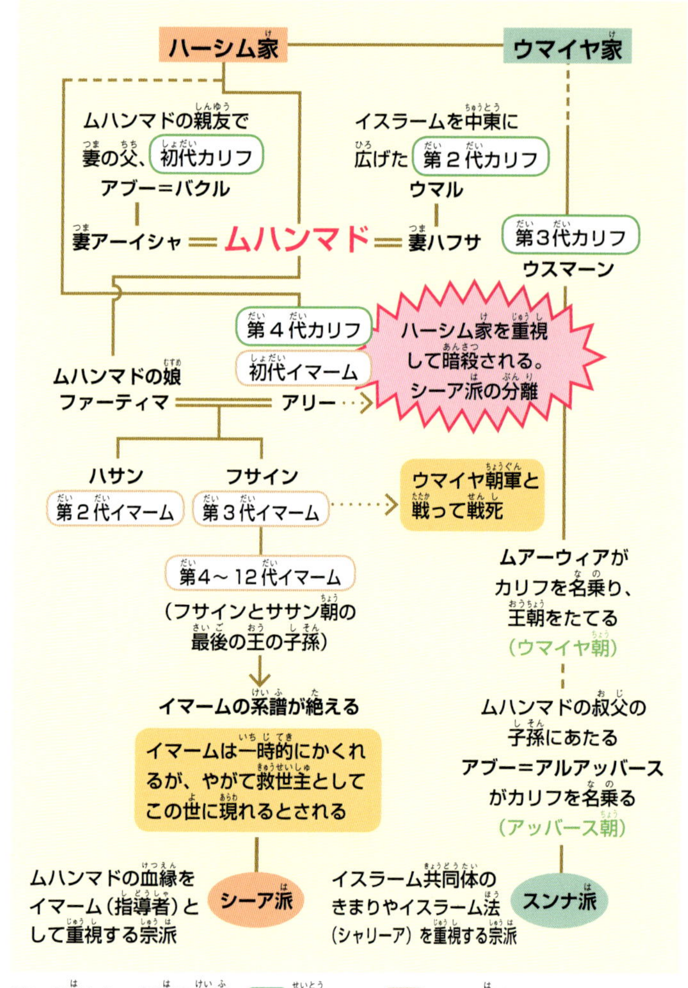

スンナ派とシーア派の系譜　正統カリフ　シーア派（12イマーム）

©Bridgeman Images/PPS 通信社

ギリシアの火
8世紀ごろからビザンツ帝国海軍が、イスラーム軍に対して用いた武器。硫黄や樹液、原油などをまぜて麻くずで火をつけ、敵船に向けて発射した。

拡大するイスラーム世界

地租と人頭税
ムスリム（イスラーム教徒）ではない人々に課す税。地租は、土地所有者からとる税（生産物か家畜）で、ハラージュという。人頭税は、成年男子にお金で払わせるもので、ジズヤという。これらを納めれば、改宗しなくともよいという意味もあった。

A カリフやイマームの地位を受けついだ者が王朝をたてて征服地を広げ、イスラームを広めたんだよ。

●異教徒を支配したウマイヤ朝

４代カリフのアリーは、ムハンマドの家系であるハーシム家を重視したため、有力部族ウマイヤ家のムアーウィアによって暗殺されました。そして、661 年にカリフとなったムアーウィアは、ウマイヤ家だけでカリフを受けつぐ王朝をつくりあげたのです。

ウマイヤ朝は、アラブ人戦士に特権をあたえて、中東からさらに東西に征服地を広げていきました。しかし、それらの土地を、神アッラーがイスラーム共同体にあたえた戦利品であるとして、アラブ人農民からは収穫の 10 分の１を、征服地の農民からは約半分もの重い税をとりました。しかも、異教徒の農民が改宗しても税を変えず、信徒になることさえみとめなかったため、征服地ではウマイヤ朝に対する不満がたかまっていきました。

●交易で繁栄したアッバース朝

８世紀はじめ、ウマイヤ朝は、東は中央アジアやインド西部、西は北アフリカまでを征服し、711 年にはイベリア半島に侵入して西ゴート王国をほろぼしました。しかし、732 年にトゥール・ポワティエ間の戦いでフランク王国にやぶれると、ウマイヤ朝の分裂が進みました。

そこで、ムハンマドの叔父の子孫アブー＝アルアッバースが、749 年にメソポタミアのクーファを都とするアッバース朝をうちたてました。アッバース朝はアラブ人だけの特権をやめ、公平な税のとりたてをしたため、９世紀にはアジアとアフリカ、ヨーロッパをむすぶ一大交易ネットワークが発展し、大きく繁栄していきます。

732 年トゥール・ポワティエ間の戦い
ピレネー山脈をこえて侵入したウマイヤ朝軍をフランク王国軍がやぶって、西ヨーロッパの危機を救った。

アッバース朝の交易路とおもな交易品

シリアのダマスクスにあるウマイヤド・モスク
世界最古といわれるウマイヤ朝のモスク（イスラームの礼拝施設）。もとはキリスト教の教会で、10 年かけて改装された。

日本では、どんな時代？
７世紀から９世紀にかけての日本は、中国から伝わった政治制度が整備された飛鳥・奈良・平安時代にあたる。天皇家に娘を嫁入りさせた藤原氏などの貴族が勢力をのばし、朝廷の政治を動かすようになった。

7～8世紀

日本の正倉院に、なぜ中東の品物があるの？

●ムスリム商人の大交易路

東西交易路には、砂漠のオアシスづたいにラクダで行く「オアシスの道（シルクロード）」、その周辺の「草原の道」、船を使った「海の道」の3ルートがありました。

7～8世紀にかけて、唐（中国）にはウマイヤ朝にほろぼされたペルシア人（イラン人）がたくさん移住してきたため、唐の都・長安ではペルシア文化が流行しました。

また、8世紀後半からムスリム商人が公平な交易をおこなったため、シルクロード沿いのバザールとよばれる大都市の市場をむすぶ大交易ネットワークができて東西の交流がさかんになりました。

正倉院におさめられている中東の品物や技術は、シルクロードの陸路をへて中国に伝わり、さらに中国から海をわたって日本へもたらされたもので、ペルシアからのものが中心になっています。

海の道で活躍したダウ船

ムスリム商人たちは、三角帆をもつ大型木造船のダウ船で交易をおこなっていました。この船は、ヨットと同じしくみで、風が逆向きでも、インド洋の各港へ行くことができました。

逆風でも前に進めるダウ船。

ムスリム商人が伝えた羅針盤

磁石の針が南北をさす性質を利用して船の進む方角を決める道具で、中国で発明された。当時は方位磁針を水にうかべてつくったという。やがて、ムスリム商人によって中国からヨーロッパへ伝えられ、コロンブスやマゼランなどの大航海につながった。

A 中東と中国をむすぶ交易路シルクロードが伝えたものが、さらに中国から日本へ伝えられたからだよ。

シルクロードを行くラクダのキャラバン（隊商）
中国西部の砂漠では、500kg もの荷物を背負って1日約 40km 移動するフタコブラクダが活躍。中東の砂漠では、運ぶ荷物は少ないが、1日約 160km も移動できるヒトコブラクダが活躍した（→4巻 30 ページ）。

正倉院にのこる中東の品物

奈良にある東大寺正倉院は、8世紀前半の奈良時代の聖武天皇ゆかりの品や東大寺の宝物約 9000 点を収めた倉庫です。正倉院は、風通しや温度など保存対策にすぐれていました。なかには、ペルシアなど中東から中国をへて日本に伝えられた品物もあり、それらの一部はときどき公開されています。

漆胡瓶（水差し）
ペルシアでは銀製だったが、日本へ伝わるまでのあいだに木製うるしぬりとなった。

紺瑠璃杯（ガラス杯）
ペルシアでつくられたガラス製の杯で、コバルトという鉱物で紺色に色づけしてある。

酔胡王（伎楽面）
笛や太鼓などに合わせて野外で演じられる伎楽の面。中国の西にすむペルシア人（ソグド人）の王をかたどったとされている。

螺鈿紫檀五弦琵琶（楽器）
五弦琵琶はインド原産だが、楽器表面にペルシア特有の四弦琵琶とラクダに乗ったイラン人風人物がえがかれている。

4点とも写真：正倉院宝物

日本では、どんな時代？
7世紀から8世紀にかけての日本は、飛鳥時代や奈良時代にあたる。中国からさまざまな政治制度や文化がとりいれられ、天皇を中心に貴族や仏教の僧侶が朝廷で力をもちはじめた。とくに奈良には寺院がたくさんのこっていて、仏教美術の宝庫といわれる。

イスラーム帝国では、なぜ国際文化がさかえたの？

●国際語になったアラビア語

アッバース朝は、民族に関係なくすべてのムスリムを平等にあつかったことから、領土を広げ、イスラーム帝国とよばれるようになりました。帝国では、8～9世紀に文明の革新がおこりました。そのきっかけとなったのが、ムスリム商人による東西交易でした（→16ページ）。商人たちが使ったアラビア語が国際語として広まったのです。

それまで文化的に遅れていた地域から進出したアラブ人ですが、「すべては神アッラーがつくられたもの」として、各地の先進文明を積極的にとりいれ、それらを融合させました。その結果、医学、薬学、数学、天文学、物理学、化学などのアラビア諸科学の基盤ができあがりました。

さらに、イスラーム文明の急速な成長を助けたのが、中国から伝わった製紙法です。これによって、たくさんの書物がつくりだされました。

学校での授業風景
先生であるウラマー（→3巻11ページ）を中心に、イスラーム学を学ぶ生徒の姿がえがかれている。道具から天文学の授業といわれている。天文学は、イスラームの行事の日を決めたり、夜に航海したりするうえで必要な知識とされた。イスラーム世界では、天文学者が重要な役割をになっていた。

●数学と化学の発達

830年にはアッバース朝（→15ページ）第7代カリフのマームーンが、首都バグダードに「知恵の館」を設立しました。これは学校・図書館・翻訳所からなる総合研究施設です。マームーンは、ギリシアの学問に深い関心をもち、ビザンツ帝国からギリシア語の本をとりよせてアラビア語に翻訳させました。なかでもアリストテレスの哲学は、イスラーム世界の哲学、神学に大きな影響をあたえました。

現代数学（算数）に用いられている算用数字のもとになる数字は、7～8世紀にインドからイスラーム世界に伝えられ、アラビア数字に発展しました（→3巻39ページ）。この数字を使うと、位どりで数の大きさを表すことができたので、ムスリム商人のあいだに広まり、9世紀には十進法も考えだされました。数学の発達で、金貨や銀貨などの貨幣の使用が活発になり、都市を中心に経済が発展しました。

貨幣の普及でさかんになったのは、硫黄や水銀から金銀をつくりだそうとする「錬金術」でした。この実験を通じてアルカリやアルコールなどの性質がわかり、化学の発達へとむすびついたのです。

図書館の館内
13世紀ごろのバグダードの図書館のようすがえがかれている。本が積みかさねられた書棚は、独特の形をしている。

ルネサンス
14世紀にイタリアではじまった文化運動。古代ギリシア・ローマ以来の文化を手本として、芸術や学問、科学などの分野で革新が進み、15世紀には西ヨーロッパ全体に広がった。それまでのキリスト教会中心の文化から人間中心の文化にかわった。

イスラーム商人の交易でアラビア語が国際語となり、さまざまな文化がとけあっていったからだよ。

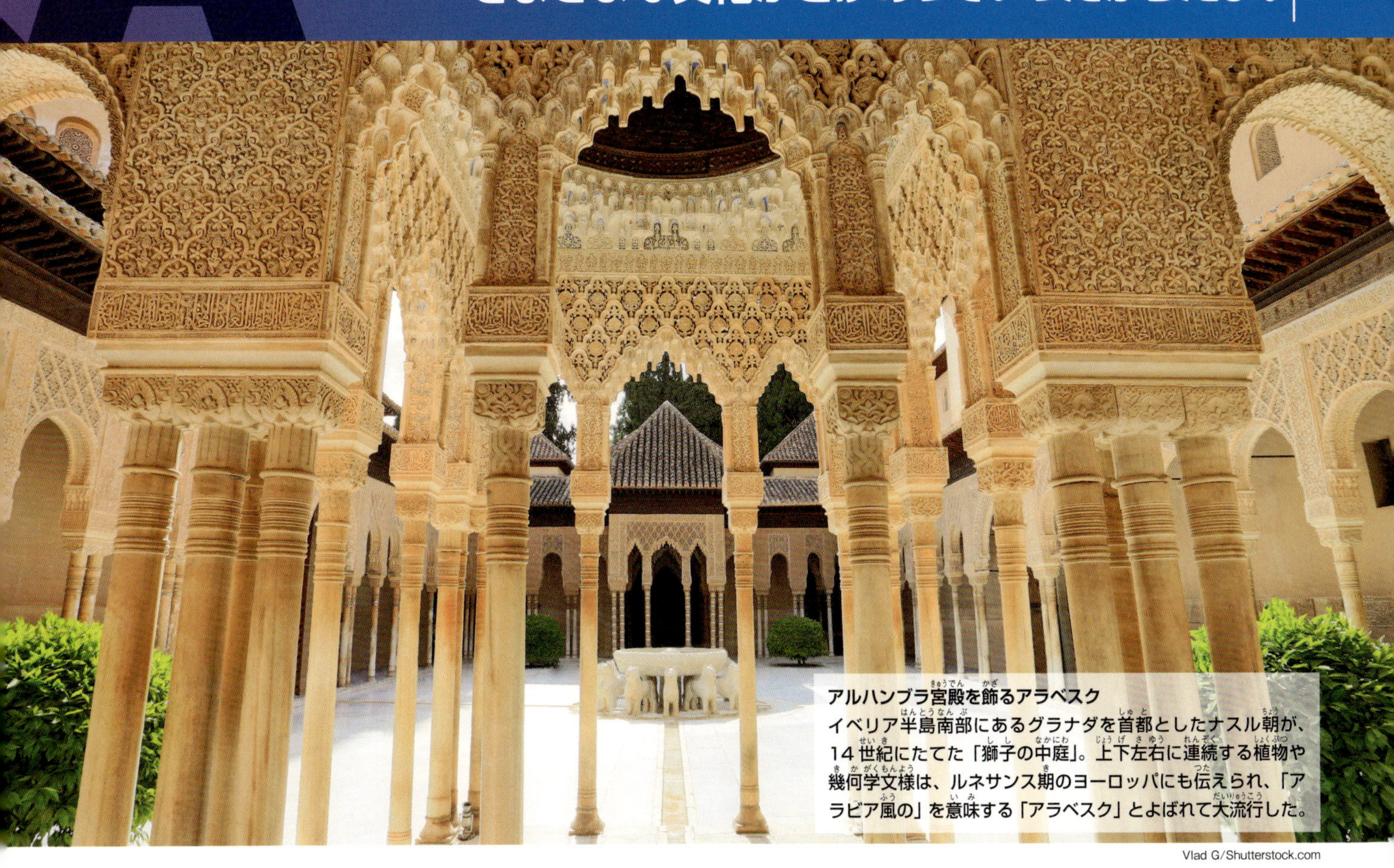

アルハンブラ宮殿を飾るアラベスク
イベリア半島南部にあるグラナダを首都としたナスル朝が、14世紀にたてた「獅子の中庭」。上下左右に連続する植物や幾何学文様は、ルネサンス期のヨーロッパにも伝えられ、「アラビア風の」を意味する「アラベスク」とよばれて大流行した。

Vlad G/Shutterstock.com

●ルネサンスに影響をあたえた

イスラーム（イスラーム教）では偶像崇拝がきびしく禁じられていたため、絵画や彫刻などの美術は発達しませんでした。しかし、モスクや聖典『クルアーン（コーラン）』を飾るアラベスク（アラビア風）という、独特の連続文様（上の写真）や装飾文字が考案されました。

やがて、イスラーム文明のもとで発展した学問や文化は、11～13世紀にかけておこなわれた十字軍遠征（→21ページ）やその後の地中海貿易を通してヨーロッパへと伝えられました。

14世紀にイタリアでおこった文化運動「ルネサンス」（→左ページ下）は、またたく間にヨーロッパ全域に広まりました。この文化運動の推進力となったのが、イスラーム世界のぼう大な書物でした。これらの書物は、多くのヨーロッパの言語に翻訳、印刷されてヨーロッパ全土に普及しました。そして、この翻訳作業にあたったのは、出身地が異なるムスリム（イスラーム教徒）、キリスト教徒、ユダヤ教徒たちだったとされています。

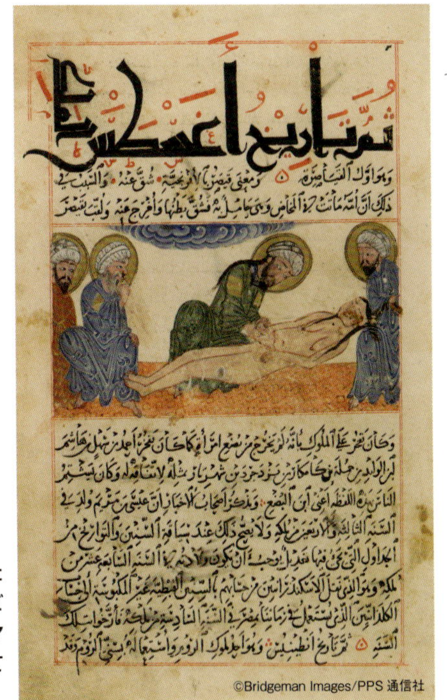

アラビア語の医学書
ギリシア医学を発展させた外科手術の方法は、アラビア語からラテン語（ローマ帝国の言葉）に翻訳されてヨーロッパに伝えられた。

©Bridgeman Images/PPS 通信社

日本では、どんな時代？
イスラーム文明がおこった８世紀から９世紀の日本は、仏教文化が花開いた奈良時代、貴族文化が発達した平安時代にあたる。９世紀なかごろには、中国から伝わった漢字をもとにした「ひらがな」が発明され、宮廷の女性たちが文学作品を書いた。

9～13世紀

中世のムスリムは、なぜキリスト教徒と争うようになったの？

●分裂するイスラーム世界

8世紀後半、広大なイスラーム帝国を築いて繁栄したアッバース朝（→15ページ）は、9世紀終わりごろからおとろえはじめ、各地で独自のイスラーム王朝が乱立するようになりました。なかでも大勢力となったのが、現在のチュニジアを中心とする北アフリカのファーティマ朝と、イランからバグダードに勢力をのばしたブワイフ朝です。

これらの王朝は、どちらもイスラーム（イスラーム教）のシーア派（→3巻19ページ）に属し、スンナ派のアッバース朝と対立してきました。ファーティマ朝は、力のおとろえたアッバース朝のカリフ（→下）に反旗をひるがえすと、自らカリフを名乗って領土を広げます。

さらに、イベリア半島を領土とするスンナ派の後ウマイヤ朝もカリフを名乗ったため、カリフが3人もいることになり（右の地図上）、イスラーム帝国内を混乱させました。

アッバース朝の分裂（10世紀）
ファーティマ朝やブワイフ朝などがアッバース朝を圧迫し、ファーティマ朝や後ウマイヤ朝は勝手にカリフを名乗りだした。

セルジューク朝の台頭（11世紀）
西アジアでセルジューク朝が領土を広げてビザンツ帝国と対立（　）。マラズギルトの戦いで帝国軍をやぶって皇帝を捕虜にした。

●セルジューク朝の発展

アッバース朝にかわって、11世紀に中央アジアから中東へ進出したのが、遊牧民のトルコ人がたてたセルジューク朝でした。

安定した都市でのくらしになれきったアッバース朝のアラブ人たちは、「マムルーク」とよばれる異民族のやとい兵に身を守らせていました。もっとも勇敢で忠実なマムルークが、トルコ人だったのです。

11世紀後半にはいると、セルジューク部族の王朝はいまのイランからイラクあたりまで勢力をのばし、アッバース朝のカリフからスルタン（→下）の称号をあたえられると、中東のほぼ全体を支配下に収めました（右の地図下）。

1071年には、かつて地中海一帯を支配したキリスト教のビザンツ帝国軍を、マラズギルトの戦いでやぶります。これにビザンツ帝国滅亡の危機を感じたビザンツ皇帝アレクシオス1世は、西ヨーロッパのローマ教皇ウルバヌス2世に救援をもとめました。

セルジューク朝の勢いにビザンツ帝国が圧迫されたんだ

セルジューク軍につかまったビザンツ帝国皇帝
皇帝ロマノス4世は、マラズギルトの戦いで6万の軍を率いて戦ったが、味方の裏切りでセルジューク軍にとらえられた。

カリフとスルタン
イスラームにおいてカリフは宗教世界の最高権威（→3巻19ページ）、スルタンは政治世界の最高権力者のこと。スルタンの称号は、1058年にアッバース朝のカリフが、セルジューク朝の支配者トゥグリル＝ベクにあたえたことにはじまる。

聖地エルサレムをめぐるムスリムの軍隊とキリスト教徒の十字軍の戦いがきっかけになったんだよ。

●最初だけだった十字軍の成果

ビザンツ帝国の救援要請を受けたローマ教皇ウルバヌス2世は、1095年にフランスのクレルモンで教会会議を開くと、フランス軍を中心とする救援軍の派遣を決定します。この救援軍は、キリスト教徒のシンボルである十字架の印を身につけていたため、十字軍とよばれるようになりました。

翌年3万人の十字軍は、アナトリア半島のセルジューク軍をやぶり、3年後にはイタリアのジェノヴァからの援軍もあって、エルサレムを占領しました。このときの戦いでは、エルサレムにいたムスリム（イスラーム教徒）5万人のうち、およそ4万人が殺されたといわれています。

この第1回十字軍による占領後90年ほどたった1187年、エジプトにアイユーブ朝を開いたサラディンの率いるイスラーム軍が、ふたたびエルサレムをうばい返します。その後も十字軍は、1270年の第7回まで遠征をくりかえしましたが、目的を達成できたのは、最初の遠征だけでした。

第1回十字軍のエルサレム攻撃
ウルバヌス2世は、キリスト教の聖地エルサレムを奪回しようと十字軍を派遣した。

少年十字軍（1212年）
神の声を聞いたという少年の呼びかけで、子どもも参加したといわれている。

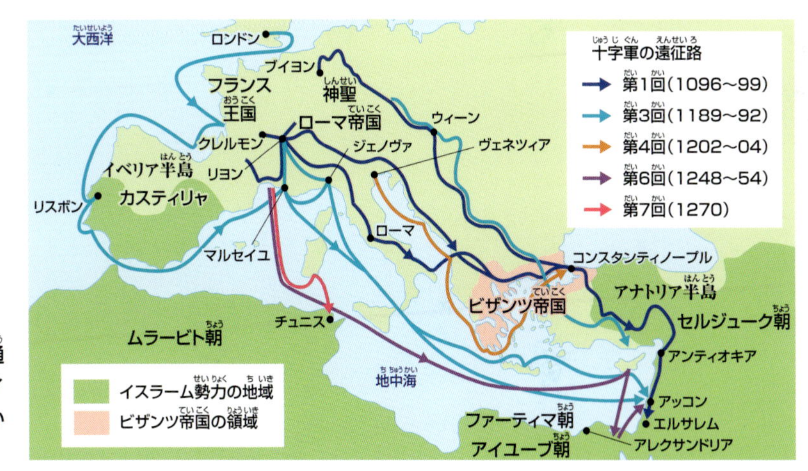

十字軍遠征と西ヨーロッパの文明化
西ヨーロッパの人々は、十字軍遠征を通じて、中東から北アフリカにかけてのイスラーム世界の存在や高い文化に気づかされた。

十字軍をやぶったクルド人の英雄 サラディン

ムスリムのあいだでいまも人気が高いのは、シリア出身のクルド人武将サラディンです。それは、イスラーム国アイユーブ朝のスルタンとして、1187年にエルサレムをうばい返し、第3回十字軍をやぶったからです。

さらに、サラディンは十字軍との講和の際にキリスト教徒の聖地エルサレムへの巡礼をみとめるという寛大な態度を示したため、その勇名はヨーロッパにも伝えられました。敵味方を問わず、人気者となったのです。

十字軍は、ムスリムにとっても、キリスト教徒にとってもわだかまりののこる史実として記憶されていますが、それだけに十字軍をやぶったサラディンは、イスラーム世界やクルド民族の英雄として、いまでも語りつがれています。

サラディン（1138～1193年）

日本では、どんな時代？
10世紀から13世紀にかけての日本は、平安時代後期から鎌倉時代後期にあたる。貴族中心の政治がくずれて武士が勢力をのばし、1192年には初の武家政権である鎌倉幕府ができた。鎌倉幕府は、13世紀後半中国の元の侵攻（元寇）に直面する。

モンゴル軍に征服された中東

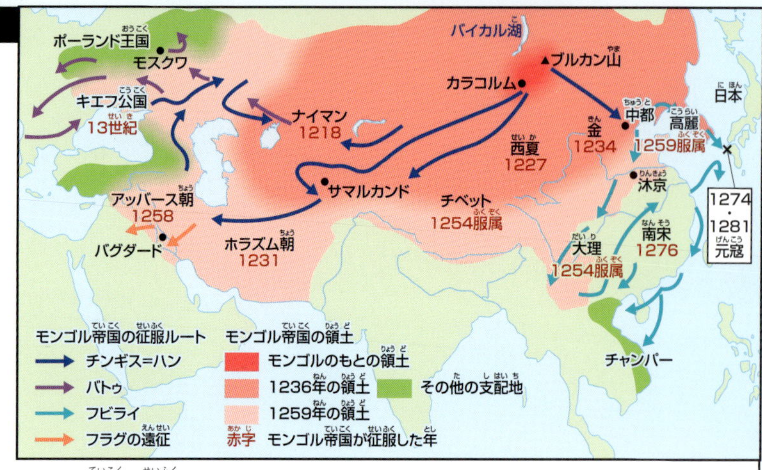

モンゴル帝国の征服ルート
強力な弓を武器とする騎馬軍団が西進し、13世紀はじめからわずか半世紀ほどで、アジアからヨーロッパにまたがる領土を手にいれた。

■モンゴル人のイル＝ハン国

13世紀はじめ、アッバース朝のおとろえのすきをついて、アジア北東部でおこった遊牧民のモンゴル帝国が、強力な騎馬軍団をつくって中央アジアから中東へと進出してきました。その陣頭指揮をとったのが、初代ハンのチンギスです。

チンギス・ハンは、シルクロード交易のさかんな中央アジアのホラズム朝や西夏をほろぼすと、その後のハンも、中国の金やチベットなどを征服。1271年には、第5代フビライ・ハンは中国を征服して国名を元と改めました。その弟フラグは、1258年にアッバース朝を攻めほろぼし、中東北部にイル＝ハン国を打ちたてます。

この国では、さまざまな宗教が許されていましたが、住民の多くは高い文化と知識をもつイラン人でした。イラン人が国から重んじられていたため、国内のイスラーム化が進み、第7代ガザン・ハンは、1295年イスラームに改宗しました。

■ティムール帝国の繁栄

14世紀はじめにイル＝ハン国は全盛期をむかえますが、1335年に第9代君主が皇后にころされて跡継ぎが絶えると、国が分裂して対立するようになります。そして1370年、モンゴル系遊牧民のティムールが中央アジアのサマルカンドを都としてたてたティムール帝国に吸収されてしまいました。

ティムールは、イラン系遊牧民の文化を受けつぎながらも、中央アジアのトルコイスラーム文化をとりいれて、西アジアへ領土を広げていきました。

しかし、騎馬遊牧民の伝統として一族の有力者を後継者とすることを重んじたため、1405年にティムールが死ぬと、権力争いが発生し分裂します。1507年には、中央アジアのトルコ系ウズベク人シャイバニにほろぼされてしまいました。その後、西南アジアでは、オスマン帝国（→24ページ）、サファヴィー朝、ムガル帝国（ともに→26ページ）と、イスラーム3国がならびたつこととなりました。

モンゴル軍のバグダード攻撃（1258年）
3重の城壁でかこまれたアッバース朝の都バグダードの円城は、モンゴルの騎馬軍団の前にくずれさり、カリフ一族も殺害された。

ムスリムとなったガザン＝ハン
イル＝ハン国のガザン＝ハンは、イスラームに改宗し、衣装もイスラーム風にかえた。それまでみとめられていたイスラーム以外の宗教は、すべて禁じられた。

2章 オスマン帝国の興亡

joserpizarro/Shutterstock.com

▲スペインのアルハンブラ宮殿。イスラーム教国で考案された連続文様が、この宮殿内部の装飾にも使われている（→19ページ）。

オスマン帝国は、支配に宗教をどのように使ったの？

●オスマン帝国のおこり

13世紀、モンゴル帝国が西アジアに勢力を広げると、それからのがれたイスラーム系トルコ人たちが、アナトリア半島（小アジア）に集まるようになります。そのなかからスルタンのオスマン1世が現れて、1299年にオスマン帝国をおこすと、つづく2代から4代のスルタンがビザンツ帝国内部の争いにつけこんで勢力をのばし、アナトリア半島を領土としました。

さらに1453年には、オスマン帝国の7代スルタンのメフメト2世が、アジアとヨーロッパをむすぶ位置にあるコンスタンティノープルを攻めおとし、1100年近くつづいてきたビザンツ帝国をほろぼしました。そのとき、コンスタンティノープルは破壊されることなく、オスマン帝国の都イスタンブルとして受けつがれたことで、エジプトやシリアなどからさまざまなイスラーム学者や職人などが移住し、新たなイスラーム文化が花ひらくこととなりました。

こうして1922年までつづくオスマン帝国の基礎が築かれていきました。

コンスタンティノープル攻撃に向かうオスマン帝国軍
メフメト2世のオスマン帝国海軍は、山をこえて城壁に囲まれたコンスタンティノープル前の金角湾に船を移動させ、砲撃をくわえて陥落させた。

●3大陸にまたがる大帝国

オスマン帝国は、9代スルタンのセリム1世の時代の1514年に、東に国境を接するサファヴィー朝を攻撃します。さらに1517年には、エジプトのマムルーク朝をたおして、アラビア半島からエジプトまでを支配下におきました。カイロに攻めこんだときにはアッバース朝カリフの子孫からカリフの地位をゆずられて、スルタン・カリフの座につきました。

それをついだスレイマン1世は、さらにバルカン半島の深くまで攻めいり、ヨーロッパを支配する神聖ローマ帝国の首都ウィーンを包囲して、滅亡寸前まで追いこみました。さらに1538年の「プレヴェザの戦い」でヴェネツィア・スペイン連合艦隊をやぶり、黒海や地中海の支配権と広大な領土を手にいれました。

オスマン帝国の新たな支配地の住民のうち、イスラーム（イスラーム教）を受けいれた人々は、帝国の領民として保護されました。その結果、帝国内には、17世紀には3000万人におよぶ多様な民族が住むことになりました。

スレイマン1世
第10代スルタン。政治や法律、教育などを整備し、オスマン帝国最盛期の基礎を築いた。

1529年のオスマン帝国軍による第一次ウィーン包囲
スレイマン1世が率いるオスマン帝国軍は、神聖ローマ帝国の皇帝カール5世の本拠地ウィーンに進軍して包囲した。しかし、オーストリア軍の強い抵抗で、撤退。1683年にも再度、ウィーンへ進軍した（→28ページ）。

異教徒も国民とみとめたオスマン帝国
オスマン帝国は、国内に住むキリスト教徒やユダヤ教徒を無理にイスラームに改宗させることはなかった。同じ宗教の人々をグループ（共同体）としてまとめ、納税と引きかえに自由をあたえて統治する「ミレット制」というしくみで支配していた。

占領したバルカン半島の少年たちをイスラームに改宗させ、皇帝の忠実な親衛隊や官僚に育てて帝国を支配したんだよ。

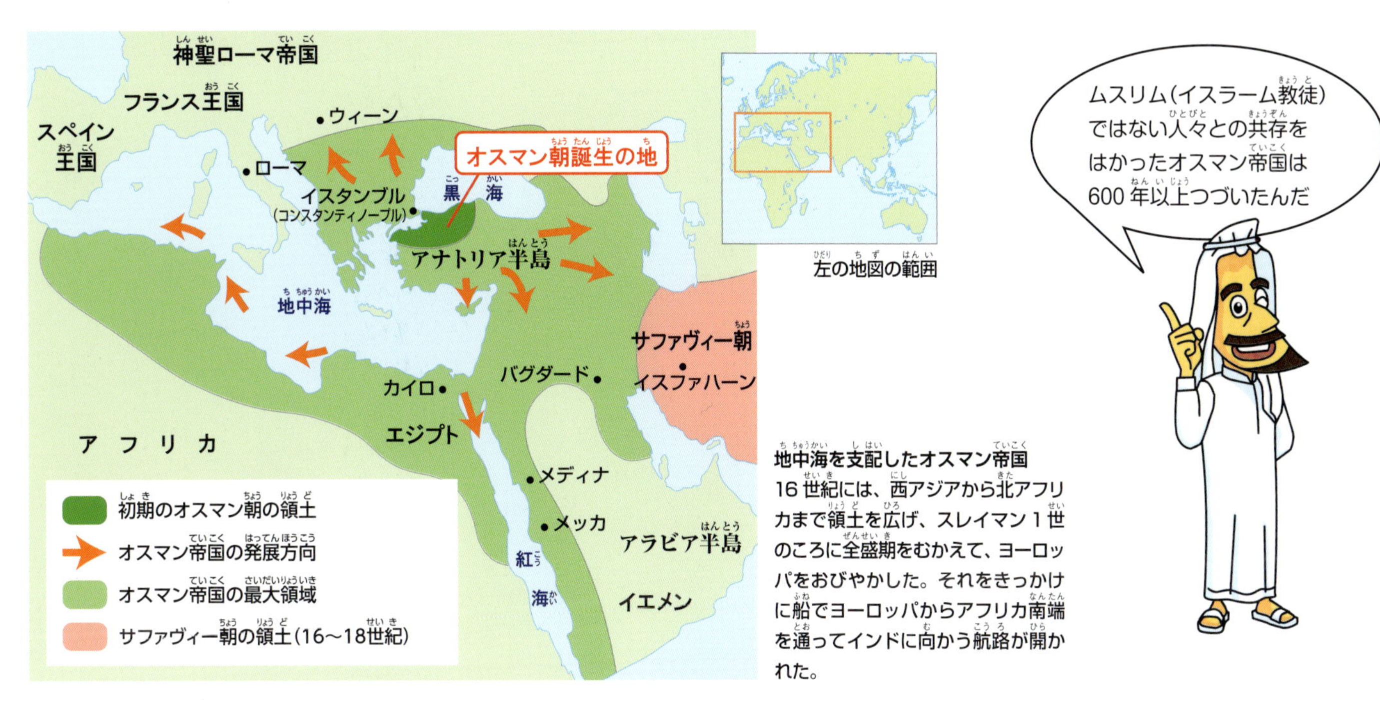

地中海を支配したオスマン帝国
16世紀には、西アジアから北アフリカまで領土を広げ、スレイマン1世のころに全盛期をむかえて、ヨーロッパをおびやかした。それをきっかけに船でヨーロッパからアフリカ南端を通ってインドに向かう航路が開かれた。

●異教徒の共存をみとめる

広大な領土をもつオスマン帝国では、少数派のトルコ人が、多数派の異民族を支配していました。イスラームによって政治をおこなううえで、オスマン帝国がとったのは、ミレット制（→左ページ下）という異教徒との共存を目指すしくみでした。異教徒には、納税の義務と一定の制限をのぞいた自由が保証されていました。この宗教的な大らかさこそが、オスマン帝国を発展させた大きな理由だったのです。

いっぽう、帝国の政治や軍事については、独特の制度を設けました。支配地であるバルカン半島のキリスト教徒のなかから健康で頭脳のすぐれた少年を選びだし、イスラームに改宗させて教育と訓練を受けさせたのです。

こうして育てた少年たちを、官僚（国の役人）やイェニチェリ（歩兵常備軍）などに任命しました。官僚やイェニチェリは、身分のうえでは皇帝であるスルタンの奴隷にすぎませんでした。しかし、彼らは異民族であってもエリート階級としてあつかわれたため、スルタンの手足となって忠実にはたらいたのです。

スルタン（右上）とともに進軍するイェニチェリ
イェニチェリは、スルタンの親衛隊として重んじられ、勇敢に戦った。

日本では、どんな時代？
オスマン帝国が発展した13世紀末〜16世紀の日本は、鎌倉時代後期から室町時代にあたる。鎌倉〜室町幕府と武家政治がつづいたが、幕府内の権力争いが原因でおきた応仁の乱（1467年）をきっかけに、各地の戦国大名が争う戦国時代をむかえていた。

■16～18世紀

いまのイランのもとになった サファヴィー朝って、どんな王朝だった？

●オスマン帝国との戦い

1507年にティムール帝国（→22ページ）がほろんだあと、中東で勢力をのばしたのは、アナトリア半島（小アジア）のオスマン帝国とイランのサファヴィー朝です。

サファヴィー朝は、イラン北西部のイスラーム神秘主義教団(→46ページ)の指導者イスマーイール1世が、16世紀はじめにタブリーズを都としておこした王朝です。トルコ系遊牧民部隊の軍事力を支えとし、イスラーム（イスラーム教）のシーア派を国教とするイランの王朝でした。サファヴィー朝が発展すると、オスマン帝国をはじめとする周辺のスンナ派諸国と対立するようになりました。

1514年、サファヴィー朝は、オスマン帝国とタブリーズ北西のチャルディラーンで激突します。しかし、そのトルコ系騎兵隊は、鉄砲で武装したオスマン帝国のイェニチェリ軍団（→25ページ）にやぶれてしまいました。その後もオスマン帝国軍にタブリーズを占領され、トルコ系部隊がはなれるなどしたため、サファヴィー朝はおとろえてしまいました。

現在のイランのシーア派のもとになったのね

鉄砲が勝敗を分けたチャルディラーンの戦い
イスマーイール1世のサファヴィー朝軍（左）とセリム1世のオスマン帝国軍（右）が激突。ヨーロッパから伝わった鉄砲や大砲を用いるオスマン帝国のイェニチェリ軍に対し、サファヴィー朝の騎兵軍団が弓で応戦したが、新兵器の前にやぶれさった。

モンゴルの流れをひくムガル帝国

16世紀はじめ、ティムール（→22ページ）の5代あとの子孫にあたるバーブルが、アフガニスタンからインドに侵攻して、北インドのデリーを都とするイスラーム・スンナ派のムガル帝国を建国しました。

「ムガル」とは「モンゴル」のなまりで、先祖のティムールがモンゴル帝国の再建をめざしたように、バーブル自身もまた、モンゴル系を名乗ってその遺志を受けつごうとしたとされています。

16世紀後半の第3代皇帝アクバルは、アグラに都をうつすと、国の官僚制度を整備して政治の安定につとめました。そのいっぽうで、国民の多数をしめるヒンドゥー教徒の人頭税（ジズヤ→14ページ）を廃止するなど融和政策を進めて、北インドからパキスタン、バングラデシュにかけて領土を広げて、ムガル帝国の全盛期を築きました。

象に乗って戦いにでかけるアクバル

イスファハーンの大虐殺
サファヴィー朝の首都イスファハーンは、交易によって栄えた都だったが、1722年アフガニスタンのアフガン人の攻撃を受け、半年にわたって包囲された。市民たちは、イヌやネコまで食べるほど飢えに苦しみ、約8万人がころされたといわれる。

シーア派を国教とし、スンナ派の国々と戦争をくりかえしながら、東西貿易で発展した国だよ。

●「世界の半分」といわれた繁栄

いったん力を弱めたサファヴィー朝でしたが、16世紀末に現れた皇帝アッバース1世がその再建を目指します。トルコ系遊牧民部隊にかわって奴隷兵などによる新式砲兵隊や親衛隊を整備し、皇帝の権力を国じゅうにいきわたらせました。また、オスマン帝国にうばわれたタブリーズやイラクをうばいかえし、イスファハーンに都をうつすと、壮大なイマーム（シーア派の指導者→3巻19ページ）のモスクや宮殿をたてました。

さらに、バザール（市場）を開いて絹織物やペルシアじゅうたん、金属細工などの手工業を発達させ、東西貿易をおこないました。イスファハーンの人口は70万人をこえ、オスマン帝国のイスタンブルやフランスのパリとならぶ国際商業都市として発展します。バザールには世界じゅうから商品が集まったので、「イスファハーンは世界の半分」といわれるほど栄えました。

しかし、1722年、宮廷内の争いやアフガン人の侵攻（→左ページ下）によってサファヴィー朝は滅亡してしまいました。

その後は、サファヴィー朝の後継を名乗るトルコ系王朝があいついでできましたが、シーア派を信じるイラン人国民とのあいだで対立がたえませんでした。そのすきをついて、19世紀前半からロシアやイギリスがこの地域へ進出してきました（→30ページ）。

サファヴィー朝の領域とシーア派の住む地域
サファヴィー朝は、オスマン帝国やムガル帝国、ウズベク人のハン国という3大スンナ派国と対立しながら、シーア派の国イランのもとを築いた。

イランにあるイマームのモスクと広場
アッバース1世がイスファハーンに築いたモスクで、1630年に完成した。建物は青色のタイルで飾られている。モスク前の広場は二層の回廊でかこまれ、世界文化遺産に登録されている。

日本では、どんな時代？
16～18世紀の日本は、天下統一を目指して武将が争った戦国時代から、徳川家康が幕府を開いた江戸時代にあたる。オスマン帝国が鉄砲によって戦争を有利にしたように、日本でも戦国時代に鉄砲が威力を発揮して、武士の戦術を大きくかえた。

オスマン帝国は、なぜおとろえたの？

©Granger/PPS 通信社

地中海の支配権を争うレパントの海戦
スペイン、ローマ教皇、ヴェネツィアからなるカトリック教国連合艦隊は、地中海の支配権をめぐってオスマン帝国艦隊とギリシアのレパント岬沖の海戦で勝利した。スペインの全盛と、おとろえていくオスマン帝国を象徴する結果となった。

●政治の不安定化と戦争の増加

オスマン帝国は、16世紀前半のスルタン、スレイマン1世の時代（→24ページ）にもっとも栄えましたが、16世紀後半に混乱期をむかえます。1571年のセリム2世の時代に、レパントの海戦でカトリック教国連合艦隊に大敗したことがきっかけでした。

スルタンの力が弱まったことで、17世紀にはいると軍人が政治の実権をにぎるようになり、反乱でスルタンがころされるという事件がおきました。政治が不安定になると、周辺の国々との争いもふえてきます。

そして、サファヴィー朝との領土争い（→26ページ）や1683年の第二次ウィーン包囲の失敗、1697年の神聖ローマ帝国やポーランドなどの「神聖同盟」（→下）との領土争いでの敗北と、あいつぐ戦争で帝国はますます弱体化していきました。

そこで、ヨーロッパの軍事技術や文化をとりいれて国力の回復をはかろうとしました。しかし、キリスト教徒の文明に対する反発からイスラーム（イスラーム教）の原点にもどろうとする動きがたかまって、オスマン帝国はかえって混乱を深めてしまいます。

©Bridgeman Images/PPS 通信社

1683年の第二次ウィーン包囲でやぶれたオスマン帝国軍
イスラーム世界を支配するオスマン帝国は、カトリック教国連合軍の中心となる神聖ローマ帝国の首都ウィーンを15万人の大軍で包囲したが、支援にかけつけたポーランド王国軍の奇襲によりやぶれた。

神聖同盟
1684年、ローマ教皇が神聖ローマ帝国やヴェネツィア共和国、ポーランドによびかけてむすばれた同盟。のちにロシアも参加。1697年にオスマン帝国をやぶり、カルロヴィッツ条約でハンガリーをオーストリアに、ウクライナをロシアにゆずった。

争での敗北、ヨーロッパ諸国の進出、
などで国力を弱めていったからだよ。

マン帝国の縮小と改革
3年の第二次ウィーン包囲の失敗以降、オスマン帝国は次々に領土を失った。1839 年から ジマート（恩恵改革）という西欧型改革をおこない、1876 年にはアジア最初の憲法「ミド 憲法」を制定するなど、近代改革を進めたが、宮廷内の反発を受けて失敗した。

領土を広げたんだよ

エジプト遠征で発見されたロゼッタストーン

1789 年のフランス革命後、フランス国内の混乱をおさめたのが、ナポレオン・ボナパルトでした。1798 年、ナポレオンはイギリスとの植民地獲得競争の場であったエジプトへ、5 万 4000 人の軍隊と 175 人の学術研究者を連れて遠征しました。

ナポレオン軍は、オスマン帝国のマムルーク軍を打ちやぶってカイロに入城するいっぽう、さまざまな学術調査を進めました。そのひとつが、砂漠のなかからひとりの兵士が発見したロゼッタストーンです。この石に刻まれた文字は、それまで謎とされてきた、古代エジプトの象形文字ヒエログリフを読み解く手がかりとなりました。

このロゼッタストーンは、現在イギリスの大英博物館で本物を見ることができます。

エジプトの象形文字解読のきっかけとなったロゼッタストーン

Reklamer/Shutterstock.com

日本では、どんな時代？

オスマン帝国がおとろえた 17 世紀後半から 19 世紀前半までの時代は、江戸時代中期から後期にあたる。江戸幕府の政治のしくみが時代おくれになっていたり、外国の圧力が強くなったという点では、オスマン帝国末期と同じような状況だった。

1821～1918年

19世紀から第一次世界大戦にかけて、オスマン帝国はどうなっていったの？

●ヨーロッパ列強国の進出

国力を弱めたオスマン帝国に、さらに追いうちをかけたのが、ヨーロッパ列強国の進出による帝国の分断です。これを決定的にしたのが、1821～1829年におきたギリシア独立戦争でした。支配者であるオスマン帝国に対して戦争をしかけたギリシアは、最終的にイギリス、フランス、ロシアの支持で独立をはたしました。

1831年には、エジプト軍がオスマン帝国を攻撃し、エジプト＝トルコ戦争（一次）がおきました。このときロシアは帝国を助けますが、その見返りとして、帝国領のボスフォラス海峡とダーダネルス海峡を独占的に船で行き来できる権利を得ました。

しかし、ロシアの地中海への進出をおそれたイギリスなどは、1839年のエジプト＝トルコ戦争（二次）、クリミア戦争後、このふたつの海峡の中立化と外国軍艦の航行禁止、オスマン帝国の領土保全を、ロシアにみとめさせました。

●ヨーロッパを失った帝国

バルカン半島に住むセルビア人やクロアチア人、マケドニア人などのスラブ人は、1453年にビザンツ帝国がオスマン帝国にほろぼされて以来、オスマン帝国に支配されてきました。

しかし、19世紀にオスマン帝国がおとろえを見せはじめると、その支配からスラブ人どうしが協力して抜けだそうとします（パン＝スラブ主義）。それに力を貸したのが、黒海から南の地中海への進出をねらうロシアでした。

1877年、ロシアはスラブ人を助けることを口実に、オスマン帝国（のちのトルコ）に戦争をしかけます。このロシア＝トルコ戦争はロシアの勝利に終わり、スラブ人の独立とともにロシアも南下の野望をとげたかと思われました。

ところが、イギリスとオーストリアが抗議したことから、ドイツの仲介でベルリン会議が開かれました。その結果、ロシアの南方進出は阻止されましたが、スラブ諸国の独立はみとめられることになり、オスマン帝国はバルカン半島の領土をほぼ失ってしまいました。

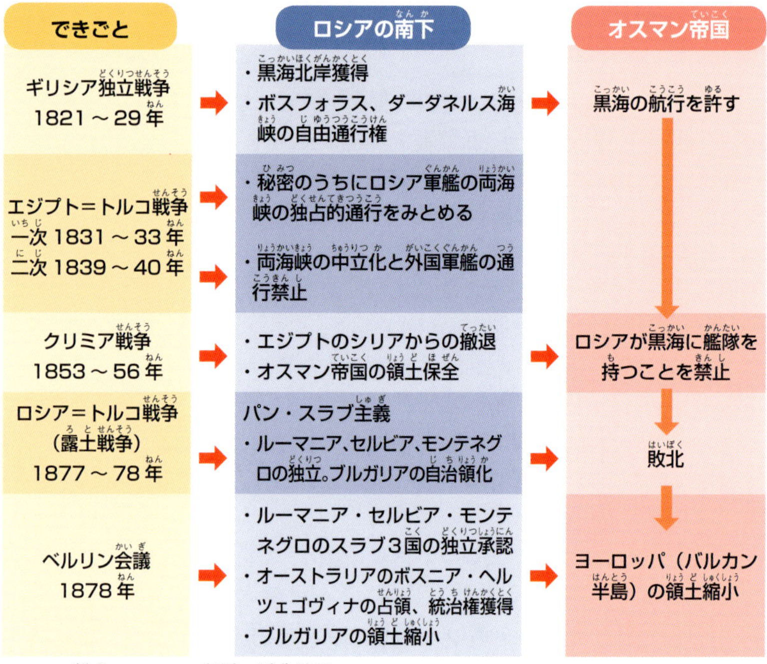

できごと	ロシアの南下	オスマン帝国
ギリシア独立戦争 1821～29年	・黒海北岸獲得 ・ボスフォラス、ダーダネルス海峡の自由通行権	黒海の航行を許す
エジプト＝トルコ戦争 一次 1831～33年 二次 1839～40年	・秘密のうちにロシア軍艦の両海峡の独占的通行をみとめる ・両海峡の中立化と外国軍艦の通行禁止	
クリミア戦争 1853～56年	・エジプトのシリアからの撤退 ・オスマン帝国の領土保全	ロシアが黒海に艦隊を持つことを禁止
ロシア＝トルコ戦争（露土戦争）1877～78年	パン・スラブ主義 ・ルーマニア、セルビア、モンテネグロの独立。ブルガリアの自治領化	敗北
ベルリン会議 1878年	・ルーマニア・セルビア・モンテネグロのスラブ３国の独立承認 ・オーストラリアのボスニア・ヘルツェゴヴィナの占領、統治権獲得 ・ブルガリアの領土縮小	ヨーロッパ（バルカン半島）の領土縮小

ロシアの南下とオスマン帝国の領土分割
ロシアの南下政策をはじめとするヨーロッパ列強の中東進出で、バルカン半島の帝国領ギリシアやスラブ諸国は、次々にオスマン帝国から独立していった。

クリミア戦争のセヴァストーポリ要塞の戦い
ロシアの黒海からの南下を警戒するイギリスとフランスが、オスマン帝国を支援して、クリミア半島の軍港セヴァストーポリ要塞にロシア艦隊を封じこめた。戦いは1年あまりにおよび、両軍に約20万人の戦死者を出し、ロシアの南下政策も、一時はおとろえた。

さまざな民族が住むバルカン半島
バルカン半島はヨーロッパ南東部に位置し、6世紀ごろからセルビア人、クロアチア人、アルバニア人、マケドニア人などのスラブ人など、多様な言語や宗教、文化の民族が住んだ。そのため紛争が多く、「ヨーロッパの火薬庫」とよばれてきた。

諸民族の独立を許してしまい、第一次世界大戦でもイギリスやフランスの同盟国に負けてしまったんだ。

●帝国の近代化と青年トルコ革命

オスマン帝国の体制がゆらぐなかで、第 30 代スルタンのマフムト２世は、1826 年にそれまで国を支えてきたイェニチェリ軍団を廃止するなど、政治の近代化に着手していきます。1839 年からは次のスルタンのアブデュルメジト１世が、「タンジマート（恩恵改革）」とよばれるヨーロッパ型の改革をおこないました。

1876 年には、首相のミドハト・パシャがオスマン帝国最初の「ミドハト憲法」を制定しますが、スルタンの反対にあって停止されてしまいました。これらの近代化は、国内のムスリム（イスラーム教徒）と非ムスリムの共存関係を失わせたばかりか、近代化の費用や軍事費の増大などで、財政悪化をまねいてしまいました。

こうしたなか、国の立てなおしには、政治の近代化しかないと考えたのが、西洋式の軍事制度を学んできた、「青年トルコ人」とよばれる青年たちでした。1908 年、軍人エンヴェルの率いる青年将校らが、帝国領ギリシアのテッサロニキで青年トルコ革命をおこし、スルタンにミドハト憲法の復活をみとめさせました。そうして 1913 年にはスルタンを退位させ、政権をにぎりました。

1908 年の若手将校による青年トルコ革命
若手将校たちは武器を手にして立ちあがり、ミドハト憲法と議会の復活を宣言して首都イスタンブルへと進撃。スルタンのアブデュルハミト２世を、翌年退位させた。

●第一次世界大戦の参戦と敗北

1914 年７月、オーストリア＝ハンガリー帝国の皇太子が、バルカン半島のサラエボで銃殺されたのをきっかけに、第一次世界大戦がはじまりました。

ドイツとオーストリア＝ハンガリー帝国およびオスマン帝国などの同盟国側と、イギリスとフランス、ロシアなどの連合国側との戦いでした。オスマン帝国は、はじめ参加をさけていましたが、ドイツからこれまでに失った領土の回復をもちかけられ、同盟国側で参戦したのです。ロシアをやぶることで、トルコ人の大国家建設を考えていたともいわれています。

オスマン帝国軍は、1915 年のダーダネルス海峡入り口のガリポリの戦いでは、連合軍をしりぞけたものの、その後は、アラブの反乱（→ 34 ページ）などに背後をおびやかされて、敗戦を重ねます。そして 1918 年 10 月、メフメト６世は、政府や軍に知らせず、連合国軍に降伏してしまいました。

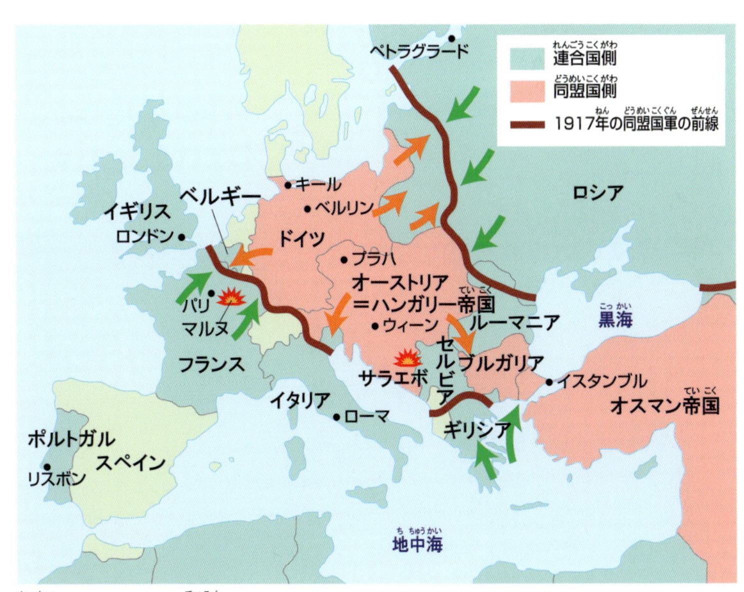

解体されたオスマン帝国
第一次世界大戦でやぶれたオスマン帝国は解体され、ヨーロッパの影響力がより強まった。このときのイギリスとフランスの利権争いが、のちのアラブ世界の戦争の火だねになった。

日本では、どんな時代？
第一次世界大戦で日本は連合国側について参戦、ドイツ軍の中国基地を攻撃するという名目で中国の山東半島の青島に出兵した。大戦後の 1920 年に設立された国際連盟では、日本は戦勝国として４か国からなる常任理事国の一国となった。

1920～1932年

オスマン帝国滅亡後、アラブ世界はどうなったの？

●イギリスとフランスの中東分割

第一次世界大戦後の 1920 年４月、イギリスとフランス、イタリア、日本の戦勝４か国が集まり、オスマン帝国の領土分割を話しあいました。

その結果、旧帝国の一部をトルコ共和国が引きつぎ、水上交通の要地ダーダネルスとボスフォラスの両海峡地域はロシアのものとされました。また、いまのパレスチナとヨルダン、イラクをイギリス、シリアやレバノンなどをフランスの委任統治領（→下）とすることが確認されました。

しかし、1917 年のロシア革命後、オスマン帝国の領土分割のうらに、イギリスの「二枚舌外交」という秘密外交があったことが明らかにされました。アラブ人とユダヤ人にそれぞれ異なる約束をし、大戦を自分たちに有利にしようとしていたことがわかったのです。

それは、帝国に支配されていたアラブ人にも、祖国を失ってヨーロッパに住むユダヤ人たちにも、パレスチナに自分たちの国をつくることを約束し，戦争に協力させようとするものでした。

●トルコ共和国の建国

領土分割後イギリスやフランスの共同植民地のようになったトルコで、「祖国の解体は許さない」とうったえて立ちあがったのがケマル・パシャです。ケマルは、青年トルコ革命（→ 31 ページ）に参加し、第一次世界大戦ではオスマン帝国軍が唯一勝利したガリポリの戦いの英雄として名をたかめていました。

ヨーロッパの戦勝国の横暴さに不満をいだいていたトルコ国民は、ケマルが 1920 年に結成したトルコ国民党を支持しました。それを背景として、ケマルは 1922 年にスルタン制を廃止し、翌年トルコ共和国を建国して初代大統領になりました。

さらにケマルはアナトリア半島を占領していたイギリスやフランス、イタリア、ギリシアの軍隊を打ちやぶり、1923 年のローザンヌ条約で現在の国土を回復することに成功します。そのいっぽうで、国内では政治のやり方とイスラーム（宗教）を分けて考える政教分離などの世俗化政策をおしすすめました。

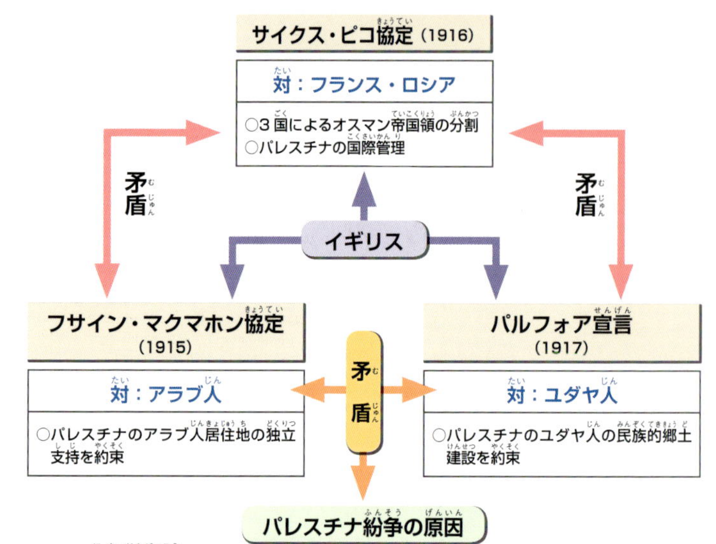

イギリスの二枚舌外交
イギリスは、パレスチナのユダヤ人とアラブ人それぞれに居住・建国を約束し、フランスとロシアに対してはオスマン帝国領の３国分割を約束して、戦争を有利に運ぼうとした。

トルコ建国の父 ケマル・パシャ

本名はムスタファ・ケマルといいます。若くして軍人を志しますが､スルタンの専制政治に反発して仲間たちと団体「祖国と自由」（のちの「青年トルコ人」）を結成し、1908 年青年トルコ革命に参加。バルカン戦争や第一次世界大戦などあいつぐ戦争で祖国の危機を感じて奮戦し、「国土防衛の英雄」あるいは軍人の尊称パシャをつけて「ケマル・パシャ」とよばれるようになりました。

第一次世界大戦後の 1923 年、新たに建国されたトルコ共和国の初代大統領に就任して、スルタン制を廃止。その後も政教分離や宗教的意味のある男子用トルコ帽（フェズ）の着用を禁止するなどトルコの近代化に貢献したため、「ケマル･アタテュルク」（トルコの父）ともよばれています。

ケマル・パシャ
（1881 ～ 1938 年）
現在のトルコでも多くの国民に深く愛されている。

委任統治領
第一次世界大戦後、国際連盟の委任にもとづいて、戦勝国や先進国に統治をゆだねた領土のこと。日本の場合は、敗戦国ドイツの植民地だった南洋群島などを委任統治領とした。実際には植民地とかわりなかった。

イスラームによる帝国支配にかわって、イギリスとフランスが支配するアラブ諸国体制ができたんだよ。

●トルコの西欧化のはじまり

ケマル・パシャによる世俗化政策は、オスマン帝国時代のようなイスラーム（イスラーム教）の支配から政治や文化、教育などを解放して、自由な西欧型の国を目指すものでした。その例として、イスラーム暦を廃止して太陽暦を採用すること、男性のトルコ帽フェズや女性の顔をかくすチャドル（ベール）の禁止、アラビア文字表記からローマ字表記への変更などがあげられます。

こうした改革は、イスラーム社会の近代化への道すじではありましたが、その反面、これまでの信仰や伝統的文化、習慣を守ろうとする人々を混乱させることにもなりました。

1908年の青年トルコ革命以来の政教分離と世俗主義は、その後も受けつがれてきましたが、最近のトルコではイスラームの原点にもどろうとする動きが進んでいます。

黒板を使ってローマ字教育をおこなうケマル・パシャ
トルコ人の単一民族国家を目指し、イスラームにこだわらない政治や文化発展の道としての西欧化を進めた。

©Alamy/PPS通信社

●王家を利用したイギリス

第一次世界大戦後、アラブ人たちはオスマン帝国の支配から抜けだしました。しかし、やがて新たな支配者であるイギリスやフランスにも不満をいだくようになります。

そこでイギリスは、それまでオスマン帝国と対立してきたアラブの名門で、預言者ムハンマドの子孫にあたるハーシム家を利用して、アラブ人の不満をかわそうとしました。ハーシム家のフサインは、メッカの元太守で、紅海沿岸地方を支配してヒジャーズ王を名乗ります。しかし1925年にリヤド首長のサウード家との争いにやぶれてしまい、アラビア半島をサウード家にうばわれてしまいます。

いっぽうで、イギリスは1921年にハーシム家の三男ファイサルをイラクの王とし、1923年には次男アブドゥラー1世をトランスヨルダン（いまのヨルダン）の王として、中東地域に影響力をたもとうとします。

中東に誕生したおもな国
第一次世界大戦後、世界各地で民族独立運動が活発になった。中東でも1918年のイエメンをはじめ、アフガニスタン、エジプト、イラクなどが独立したが（赤文字）、その多くは王国であった。

イブン・サウード王
1926年にたてたヒジャーズ・ネジド王国の領土を拡大し、1932年にサウジアラビア王国を建国して初代国王の座についた。

日本では、どんな時代？
第一次世界大戦で戦勝国となった日本は、軍国主義が台頭しはじめる。そのあらわれのひとつが、1932年の中国大陸北部の軍部による満州国建国である。これが中国との対立を深め、国際社会の非難をあびたため、翌年に国際連盟を脱退した。

砂漠をかけるアラビアのロレンス

Ralf Siemieniec/Shutterstock.com

ロレンスたちが攻略した、オスマン帝国の港町アカバ
当時、この町の大砲は海側へ向いていたため、ロレンスたちは砂漠を横断して陸側から一気にせめた。いまはヨルダン南端にあり、リゾート地として有名だ。

■アラブの反乱のなかで

第一次世界大戦では、長くオスマン帝国に支配されてきたアラブ人も、イギリスに協力してオスマン帝国と戦います。それは「アラブの反乱」ともよばれ、イギリスの勝利を大きく助けました。

この反乱には、トマス・エドワード・ロレンスというひとりの英国軍人が深くかかわっていました。ロレンスは中東に関する知識と語学力を買われ、アラブ人をイギリスに味方させるために、イギリス軍からアラビア半島へ派遣されます。

ロレンスは、現地で情報を交換するうちに、しだいに地元の部族の有力者に信頼されていきました。そしてロレンス自身も、帝国の不意をついて列車を爆破したり、砂漠を渡って帝国の都市を背後からせめたてたりするなど、アラブ人とともに命をかけて戦います。ついにはオスマン帝国のもっとも重要な町のひとつであるダマスクスをうばい、イギリスを第一次世界大戦の勝利へと導いていきました。

©Bridgeman Images/PPS 通信社

©Alamy/PPS 通信社

トマス・エドワード・ロレンス(1888～1935 年)
イギリス・ウェールズ生まれ。オックスフォード大学で学ぶ。若いころから読書家で、博物館へ通いつめ、考古学に強い興味をもっていた。軍にはいった当初は、中東の地図を作成していた。映画は、ロレンスの「アラブの反乱」についての著作『知恵の七柱』をもとにしてつくられた。

1921 年にイラク初代の王となるファイサルとも親しかったんだ

■映画になったロレンスの奔走

戦後、アラブの国々は独立しましたが、それはイギリスの密約をもとにしたもので(二枚舌外交→ 32 ページの表、1 巻 32 ページ)、イギリスやフランスなどヨーロッパの大国の影響が強くのこるものとなりました。そのためロレンス自身も、アラブ人をうらぎるような形になってしまい、彼は失意のうちにアラビア半島を去ります。

この活躍はのちに「アラビアのロレンス」という映画になりました。砂漠の広さとかわきのおそろしさ、オアシスの美しさやラクダでの苦しい旅、そして当時の部族のようすなどが、ていねいにえがかれています。昔の映画ですが、迫力のある映像と緊張感あふれる展開はいまでも人気があり、長く映画ファンに愛されています。

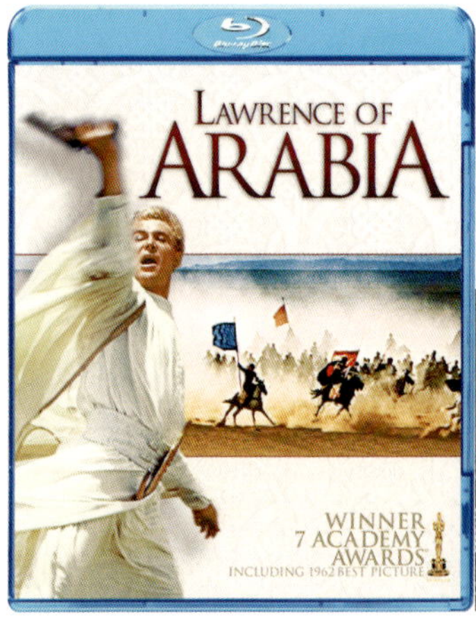

©Alamy/PPS 通信社

映画「アラビアのロレンス」(1962 年 / イギリス)
アメリカのアカデミー賞 7 部門を獲得。主役のロレンスを演じたのはイギリス人のピーター・オトゥール(左)。映画「スター・ウォーズ」でオビワン・ケノービを演じた俳優アレック・ギネスも、メッカの太守フサイン役で出演している(右)。

3章 激動の二十世紀

▲イラクのバグダードにあるモスク。バグダードはいくども戦火にみまわれたが、そのたびに復興してきた。

1943～1956年

第二次世界大戦で、中東はどうかわったの？

エジプトのカイロで開かれたアラブ連盟の会議
エジプトのほか、レバノン、シリア、イラク、ヨルダン、イエメン・サウジアラビアの7か国が参加した。

●イギリス、フランスの後退とアラブ連盟結成

ヨーロッパも戦場となった第二次世界大戦（1939～1945年）は、ドイツ、日本の降伏で幕を閉じました。イギリスとフランスは戦勝国となったものの、ドイツとの総力戦で国力がひどく低下しました。そのため、中東での植民地支配からも後退せざるをえなくなります。

19世紀後半から20世紀前半にかけて、ヨーロッパが築きあげた植民地体制は、この大戦で大きくくずれました。直接戦場にならなかった中東でも、大戦後期の1943年、イギリスによって、アラブ民族の結束をはかる「アラブ連盟」が提唱されます。そして1945年、イスラエル建国に対抗する形でアラブの統一を目指す7か国による「アラブ連盟」が結成されました。

●パレスチナ分割で、第一次中東戦争がおきる

「アラブ連盟」の目的は、アラブ諸国の独立支援と、パレスチナでのユダヤ人国家の建国阻止でした。大戦後、パレスチナにはユダヤ人が大量に移住してきてアラブ人との対立が深まっていましたが、支配力が弱まっていたイギリスは国際連合（国連）にその解決をまかせてしまいます。1947年、国連はパレスチナ分割案（右図）を決議しました。

1948年5月14日、イギリスの委任統治期間が終わると、ユダヤ人は、エルサレムを首都とするイスラエルの独立を宣言しました。翌15日、これに反発したアラブ諸国のエジプト、シリア、ヨルダンなどの連合軍がパレスチナに侵攻します。これが、その後もつづく中東戦争のはじまりでした（パレスチナ戦争＝第一次中東戦争）。

国連のパレスチナ分割案（1947年）
第二次世界大戦後、国連はパレスチナをアラブ人とユダヤ人のふたつの国に分割し、エルサレムを国連が管理する国際都市にする決議をおこなった。しかし、この分割案ではユダヤ人側の土地が半分以上とされたため、アラブ人側は拒否した。

アラブ連盟
アラブ諸国共通の利益を守るために、エジプト王国（当時）の提案で、1945年3月に7か国で結成された。アラブ諸国連盟ともいう。1948年の第一次中東戦争では内部対立で敗北。その後、北アフリカ諸国なども加盟し、現在22か国が参加。

A イギリスとフランスによる植民地支配が終わって民族運動がおこり、中東戦争がはじまったんだよ。

●イスラエルがアラブ軍に勝つ

アラブ連合軍がパレスチナに侵攻してはじまったパレスチナ戦争は、イギリスやチェコスロバキアから武器を調達したイスラエル側が優勢でした。しかし、国際連合の調停で２度にわたる停戦をへて、1949年に休戦となりました。

その結果、戦争に勝ったイスラエルは、パレスチナ全土の８割を領土として独立を宣言しました。そのため、イスラエルではこの戦争を「独立戦争」とよんでいます。この戦争のあいだにトランスヨルダン（いまのヨルダン）がヨルダン川西岸を、エジプトがガザ地区を占領しました。このふたつの占領地は、のちにパレスチナ自治区となりました（→１巻22ページ）。

1952年、アラブ諸国のまとめ役だったエジプト王国で革命がおき、王制が廃止されました。革命の指導者ナセルは、のちにエジプト共和国の大統領になり、アラブ民族主義をおしすすめ、ふたたびイスラエルとの戦争をまねくことになります。

©UIG/PPS 通信社

パレスチナ戦争で国外に避難するパレスチナ難民
戦争はイスラエルの優勢で進み、戦場となったパレスチナから大量のアラブ系難民が隣国ヨルダンやレバノンにのがれた。

©Bridgeman Images/PPS 通信社

エジプトに侵攻したフランス軍
1956年におきたスエズ戦争は、スエズ運河の国有化を宣言したエジプトに対して、イギリスとフランスがイスラエルを引きこんでしかけた戦争である。

●スエズ運河国有化から戦争へ

ナセル大統領のエジプトを親米国家にしようとしたアメリカは、ナイル川中流に建設予定のアスワン・ハイダムの建設資金提供を約束しました。しかし、ナセルは、それに応じるどころか、アメリカと対立するソ連（いまのロシア）から武器を購入し、中国と国交を樹立してしまいます。おこったアメリカは、ダム建設資金の提供を取り消しますが、ナセルはそれに対抗してスエズ運河の国有化を宣言したのです。

これにおどろき、反発したのがイギリスとフランスでした。スエズ運河には、イギリスやフランスから多くの投資がなされていたからです。両国はイスラエルをまきこんでエジプトと戦争をする道を選びました。

1956年10月、イスラエル軍がシナイ半島に侵攻すると、１週間で全体を制圧しました。さらにイギリスとフランスの軍隊がスエズ地区に出兵し、スエズ戦争（第二次中東戦争）がはじまりました。しかし、国連の即時停戦決議で、翌月両国は撤退することになりました。

日本では、どんな時代？
日本は1937年から中国との全面戦争（日中戦争）をおこなっていて、石油確保のために東南アジアに進攻した。1941年12月にはアメリカと開戦し、ヨーロッパではじまった第二次世界大戦はアジアや太平洋に拡大した。

1967～1973年

イスラエルを相手とした中東戦争で、アラブ諸国はどうなったの？

©Bridgeman Images/PPS 通信社

第三次中東戦争は「6日間戦争」ともよばれているよ

第三次中東戦争でのイスラエル軍
イスラエル軍はエジプト、シリア、ヨルダンとの戦争にそなえ、攻撃態勢を整えた。そして、1967年6月5日、3か国に対して奇襲攻撃を開始した。

●第三次中東戦争がおこる

1956～1957年のスエズ戦争（→37ページ）をきっかけに、エジプトからシリア、イラクへと広まったアラブ民族の連帯を目指す運動は、中東の新たな秩序を生みだすかのように見えました。

しかし、エジプトは石油収入をめぐってイラクと対立し、経済政策でもシリアと決裂して、アラブ民族の団結という理想は遠のきました。さらに石油資源をもつイラクととぼしいシリアのあいだでも、対立がおきてしまいます。

そこで、エジプトのナセル大統領は、アラブ民族運動の指導者として、スエズ戦争でシナイ半島に配備されていた国連軍を撤退させ、イスラエルに通じるアカバ湾の海峡を封鎖して、イスラエルの艦船をしめだしました。それを理由に、イスラエルは1967年6月、エジプト、シリア、ヨルダンへ奇襲攻撃をかけ、第三次中東戦争がはじまりました。

イスラエルの攻撃で、エジプトの空軍基地では1日のうちに410機もの戦闘機が破壊され、シリア、ヨルダン両軍も撃破され、アラブ側は大敗してしまいました。イスラエル軍は、わずか6日間の攻撃で、エジプトのシナイ半島、シリアのゴラン高原、ヨルダンのヨルダン川西岸などを占領してしまいました。

民衆に手をふるエジプトのナセル大統領
スエズ戦争では、イスラエルへの強気の対応で国民の人気をたかめたが、第三次中東戦争では、イスラエルの奇襲で信用を失墜させられた。

第三次中東戦争のイスラエル占領地
ナセル人気で国際世論がアラブ寄りになったため、イギリスやフランスはイスラエルを直接支援できなくなったが、イスラエルは空軍を強化し、空爆で占領地を広げた。

PLO（パレスチナ解放機構）
アラブ連盟の支援で、パレスチナ難民が結成した反イスラエル武装組織。1969年にアラファトが議長に就任してから本格的にゲリラ闘争を開始したが、のちに国際外交を進め、1974年には国連のオブザーバー（準加盟国）となった。

一時は大きく負けたけれど、石油価格をつりあげることで、国際社会での立場を有利にしていったんだ。

●パレスチナ解放機構の動き

第三次中東戦争の敗戦で、アラブ世界は大きくゆらぎ、指導者ナセルの権威も一気に地に落ちてしまいました。これまでアラブ諸国を信頼していたパレスチナ人たちでしたが、1964年に結成されたPLO（パレスチナ解放機構→左ページ下）が戦う組織として再編され、1969年にはアラファトを議長とし、パレスチナ人自らが祖国解放と独立国家建設を目指すようになります。

PLOは、はじめは武装ゲリラとして活動していましたが、その後国際的な政治活動もおこなうようになります。1974年からは、パレスチナ人の正統な代表機関として国際連合（国連）のオブザーバー（準加盟国）としての資格を得るまでになりました。しかし、イスラエルは、占領地からの撤退をもとめる国連安全保障理事会の決議を無視して、占領をつづけました。

PLOのアラファト議長（左）と語りあうナセル大統領（中央）
PLOは、1964年にエジプトのナセル大統領を中心とするアラブ連盟の支援で結成された。1969年にアラファトが議長に就任してから、対イスラエル闘争を本格化させた。

●第四次中東戦争がはじまる

1970年ナセルにかわってエジプトの大統領となったサダトは、シリアやヨルダンと協力して、占領地をイスラエルからうばいかえそうとしました。1973年、南のエジプト軍がシナイ半島にせめこむと、北のシリア軍はゴラン高原で戦闘を開始し、第四次中東戦争がはじまりました。

その後アラブ諸国が戦地に支援部隊を送ると、アメリカはイスラエル軍に大量の最新兵器を送りこみます。すると、アメリカと対立していたソ連（いまのロシア）がエジプトとシリアを支援するなど、戦争は拡大しました。これを見たアラブ産油国は、石油を武器とする戦略でエジプト、シリアを助けようとします。

中東や北アフリカなどアラブ諸国の産油国は、話しあって石油の値段を70％も引きあげ、石油の生産量もへらしはじめました。その結果、アメリカやイギリスなどの国際石油会社は、経済的大打撃を受けました。結局、アメリカとソ連の共同提案で、国連安全保障理事会で停戦決議案が出され、開戦から1か月ほどで停戦となりました。

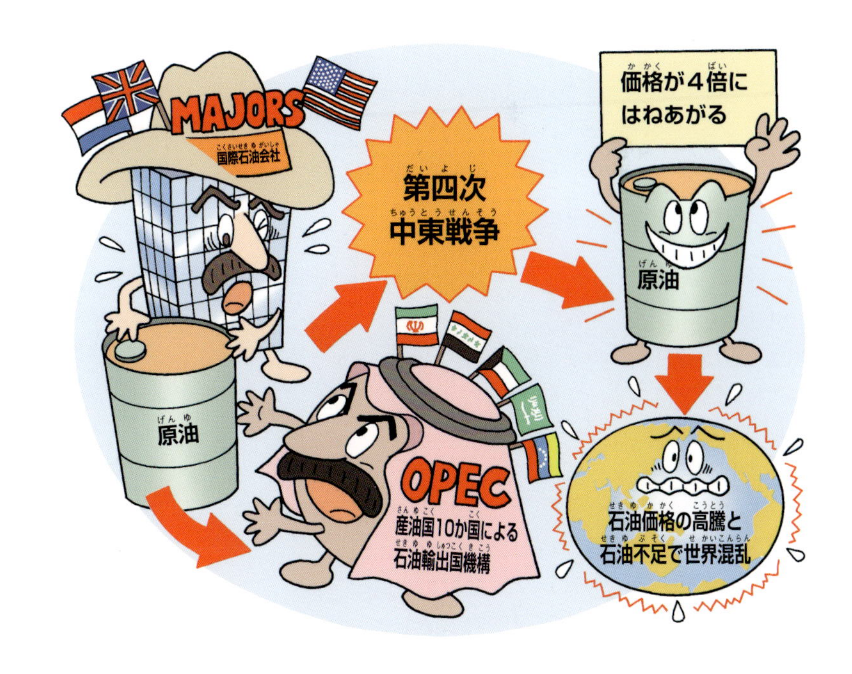

OPEC（石油輸出国機構）の石油戦略
ペルシア湾岸産油国を中心とするOPEC諸国では、石油値上げと生産量をへらすことで、イスラエルを支援する国々の経済を混乱させようとした。

日本では、どんな時代？
第四次中東戦争がはじまると、アラブ産油国は結束して原油価格を引きあげ、輸出量を制限した。中東の石油に全面的に依存していた日本は、「石油危機（オイルショック）」にみまわれる。1974年、日本経済は戦後はじめてマイナス成長を記録した。

1979年

イランでおきたイスラーム革命って、なに？

テヘランのアメリカ大使館に侵入する学生たち
1979年11月4日、イスラーム法学校の学生たちがアメリカ大使館に侵入して占拠。大使館員52人が人質になった。アメリカは救出作戦をおこなったが失敗し、人質が解放されたのは1981年1月20日だった。

●石油国有化に失敗したイラン

第二次世界大戦中、イランは首都テヘランを中立地帯として南部をイギリスが、北部をソ連（いまのロシア）が占領していました。両国ともイランの石油をドイツから守るという理由で侵攻してきたのです。

戦後、1951年に首相となった民族主義者のモサデクは、石油国有化を宣言し、翌年にはイギリスとの国交を断絶しました。それに対してイギリスは、アメリカとフランスの石油会社と手をむすんで、イランの石油を世界市場からしめだします。そのためイランは、財政危機におちいりました。

石油国有化に失敗したイランでは、国王パフレヴィー２世が、1953年にアメリカの支援を受けた軍のクーデターでモサデク政権をたおし、王政を復活させました。

これにより、アメリカが中心となってつくった国際石油会社が、石油利権をイランと分けあうことになりました。

●イラン国王が進めたアメリカ化

イランの石油利権の争奪戦は、国王パフレヴィー２世を支援したアメリカが有利となり、国王は1963年以降、アメリカ文化を積極的に受けいれる「白色革命」（→下）を進めます。また、アメリカはイラン国内に多数の軍事基地を建設し、３万人の軍事顧問を派遣してイラン軍の強化を助けました。

しかし、国王がおこなった秘密警察による治安維持、近代化による貧富の差の拡大などが、民衆の反発をまねきます。やがてシーア派の指導者やイスラーム神学校の学生が抗議行動をおこしたことで、国王が弾圧を強めるなど、イラン社会は不安定さを増していきました。

1963年にはシーア派アヤトラ（最高指導者）のホメイニ師を逮捕し、翌年に国外追放処分としました。それ以来、イラクのシーア派の聖地ナジャフに亡命していたホメイニ師は、反体制運動の象徴的存在になりました。

白色革命
白色とは、欧米化を意味する。アメリカの要求もあって、1963年１月、国王パフレヴィー２世は土地改革、婦人参政権、国有地払いさげなど６項目の改革をかかげて実行にうつした。しかし、そのやり方が強引だったため国民の反発をかった。

アメリカの文化を受けいれた国王が民衆に追いだされ、厳格なイスラームの国ができた革命のことなんだ。

●中東をゆるがしたイラン革命

パフレヴィー２世の進めた近代化政策は、イランの国教とされてきたシーア派イスラームの伝統をこわして社会を不安定にし、貧富の格差を拡大しました。そのため 1978 年ごろから反王政運動がたかまり、翌年の 1979 年１月、国王はアメリカへ亡命しました。

これにより 15 年ぶりに帰国したホメイニ師は、政権をにぎると国名をイラン＝イスラーム共和国と改め、シーア派の教えにもとづく政治をはじめました。また、現代文明を支える石油がイスラームの伝統をさまたげるとして輸出制限にふみ切り、第二次石油危機（オイルショック）を引きおこします。これを受けてアメリカやヨーロッパの石油会社はイランから撤退し、中東産油国は石油の生産量や輸出量を制限して価格を上げ、中東戦争でイスラエルを支援する国々に経済混乱をあたえようとしました。

さらにイランの学生たちは、アメリカに亡命した国王の引きわたしを求め、それが拒否されると、1979 年 11 月にイランの首都テヘランでアメリカ大使館占拠事件をおこして、国際社会を動揺させました。

©Alamy/PPS 通信社

最高指導者ホメイニ師の写真をかかげてデモをする民衆
首都テヘランでは数十万の民衆が、国王パフレヴィー２世の退位をもとめるデモをおこなった。1979 年１月、国王は国外に逃亡した。

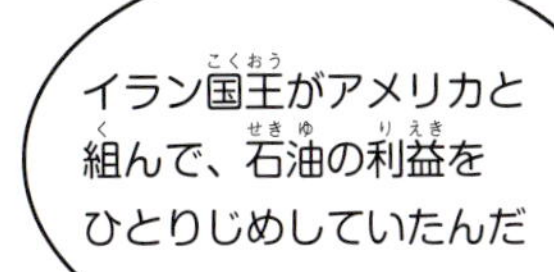

イランからおきた石油危機

王政から宗教指導者による政治にかわったイランは、原油生産をストップしました。サウジアラビアにつぐ生産国が輸出を止めたことで原油価格が高くなり、世界各国は 1973 年の第四次中東戦争（→ 39 ページ）につづくオイルショックにみまわれました。この２度にわたるオイルショックで、欧米の先進諸国や日本は、中東の原油にたよりきった経済のしくみや生活を見直す必要性にせまられました。いっぽう、中東の原油生産国は、政治と経済の両面で力をもちはじめました。

©Granger/PPS 通信社

ガソリンスタンドにならぶ車で渋滞する道路（アメリカ）

日本では、どんな時代？
イラン革命が原因となって第二次石油危機がおきた 1979 年６月、第５回先進国首脳会議（サミット）が東京で開催された。アラブ産油国を非難するとともに輸入抑制やエネルギー節約が話しあわれたが、先進諸国の足なみはそろわなかった。

1980～1988年

イラクのフセイン大統領は、なぜイラン＝イラク戦争をはじめたの？

戦車の上にならんだイラク兵
1980年9月、イラク軍が南部の国境をこえてイランを攻撃し、戦争がはじまった。はじめのうちはイラク軍が優勢だったが、しばらくすると形勢が逆転し、イラン軍がイラクに進攻してきた。イラクのフセイン大統領はたくみな外交でアメリカとソ連から武器の援助を受け、戦力を増強。そのため戦争は長期化していった。

この戦争は8年間もつづいたんだって

手をあげて降伏するイラク軍
イラン国内深くに侵攻したが、長引く戦争に戦う気力を失い、1982年にイラク兵約1万9000人がイラン軍に降伏した。

●独裁者フセインの野望

イランとイラクとの国境付近では、古くから領土や石油資源をめぐる対立がありました。その対立が戦争へ発展するきっかけとなったのは、1979年にシーア派がおこしたイラン革命でした。

イラクのサダム・フセイン大統領によるスンナ派政権は、国民の多数派であるシーア派を力でおさえつけてきたため、革命の影響が国内におよぶのをおそれていました。また野心にあふれた政治家であるフセインは、革命でイラン軍が弱体化しているいまこそ、領土問題を有利に決着させるチャンスと考えたのです。

その翌年の1980年9月、イラク軍は、南部の国境をこえてイランへせめいります。さらに首都テヘランを空爆するなど、イランへの攻撃を開始し、8年におよぶイラン＝イラク戦争がはじまりました。

中東有数の産油国でもあるイラクは、2度のオイルショックによって大きな収入を得ていたこともあり、イランと戦争をはじめても勝てると考えていました。

ペルシア湾に出動したアメリカの戦艦
イラン革命以来イランと対立するアメリカの戦艦は、石油タンカーが攻撃を受けたのを理由に、イランの油田を攻撃して、イラクを支援した。

革命の輸出
イランのホメイニ師は、1979年のイラン革命の際「革命の輸出」という表現を使い、ほかの湾岸諸国もイランと同様に王制をやめて宗教国家になるべきと主張した。サウジアラビアなどの王国は、この影響で王制がたおされることに危機感をもった。

シーア派のおこしたイラン革命の影響が、シーア派の多いイラクにもおよぶのをおそれたからだよ。

●フセインとアメリカの関係

戦争がはじまって最初の2年間は、イラクが優勢でした。しかし、弱体化していたと思われていたイラン軍が、祖国を守ろうと結束しはじめると、イラク軍はしだいに劣勢に転じ、戦況は動かなくなって、戦争は長期化していきました。

いっぽう、石油輸入国であるアメリカは、それまで友好的だったイランが革命後に反アメリカに転じたことから、ほかのペルシア湾岸産油国にイランのようなイスラーム政権が誕生するのを止めたいと考えていました。また、ペルシア湾で石油をひんぱんに運ぶ欧米諸国のタンカーに被害がおよぶこともさけたかったのです。

そこでアメリカは、1984年以降イラクに対して積極的に武器や経済の援助をおこなうようになりました。これにより、アメリカは、はじめて中東の戦争に直接かかわることになりました。こうした支援は、イラクを近代兵器を備えた軍事大国へとかえていったのです。

アメリカの武器支援
石油の収入
弾圧される国内のシーア派やクルド人
支持するアラブ諸国

丸々と肥え太ったイラクのフセイン大統領
石油収入を得たフセインは、アメリカから兵器や武器を買って、アラブ諸国のスンナ派の支持を受けながら、国内のシーア派やクルド人を弾圧した。

●財政危機におちいったイラク

イラン=イラク戦争は、1988年8月に国連の仲介で停戦になりました。8年にもおよぶ長い戦争で、両国の死者は約40万人にものぼるとされます。石油収入でうるおっていた両国の国庫は底をつき、それどころか、イラクは外国からの借金の返済に苦しむことにもなったのです。

この戦争のあいだ、フセイン政権はイラク国内のシーア派や独立をめざすクルド人（→1巻30ページ）を弾圧しました。1988年3月には、イラク北部のクルド人居住地で化学兵器による大量虐殺がおきました。イラン軍に協力したとして、5000人以上が殺害され、1万人以上が負傷したともいわれています。この事件が明るみになったのは戦争後のことで、それまではイラクを支援していたスンナ派諸国や欧米各国は口を閉ざしていました。

日本人215人を脱出させたトルコ航空機

イラン=イラク戦争のさなかの1985年3月17日、イラクのフセイン大統領がとつぜん「48時間後に、イラン上空をとぶすべての飛行機を撃墜する」と宣言しました。そのときイランの首都テヘランには日本人が215人いましたが、日本政府は危険だとして救援の飛行機を出すことをためらっていました。刻一刻と期限がせまるなか、ようやく救援の飛行機がきましたが、それは日本の航空機ではなく、トルコ航空の飛行機でした。これにより215人の日本人は、危機一髪のところでイランを脱出できたのです。トルコが救援機を派遣したのは、その95年前の「エルトゥールル号遭難事故」（→4ページ、1巻46ページ）の恩返しだったことが、のちになってわかりました。

トルコの航空機で脱出した日本人
危機一髪でイランからトルコへのがれることができた。

日本では、どんな時代？
1980年代後半から1990年代初頭にかけて、日本経済は「バブル時代」をむかえた。土地が値上がりをつづけ、金融機関は土地を担保にお金を貸すという循環で経済規模が大きくなった。しかし、バブル（泡）はやがてはじけて消える運命だった。

1990～1991年

湾岸戦争は、なぜおきたの？

Everett Historical/Shutterstock.com

クウェートに侵攻したイラク軍を攻撃するアメリカの戦闘爆撃機

●イラクのクウェート侵攻

イラン＝イラク戦争（→42ページ）で財政危機におちいったイラクのフセイン大統領が考えだしたのが、隣国のクウェートの石油利権を手に入れることでした。

1990年8月2日、フセインはクウェートが歴史的にイラクの19番目の領土にあたり、イラクに支配権があるとして軍隊を送りこみました。イラク軍の侵攻にクウェート軍は数時間で制圧され、軍の一部はサウジアラビアやカタールに撤退しました。その20数時間後にはクウェートの首長一族が逃げたあとの宮殿や国際空港がイラク軍に占領されてしまいます。2日後、イラクはクウェートを併合し、新政権を誕生させました。

しかし、イラクの一方的なクウェート侵攻と併合に対して国際社会はこぞって非難をしました。なかでもイギリス首相のサッチャーは「ヒトラー（→下）の台頭を許した妥協を再度くりかえすべきではない、断固として武力行使すべきである」と主張しました。

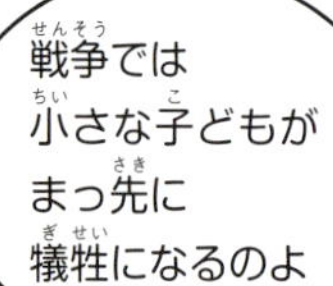

©Science Source/PPS通信社

けがをした娘を抱いて避難するアラブ人の父親

アドルフ・ヒトラー（1889～1945年）

第二次世界大戦期のドイツの独裁者。ナチ党党首。1939年にポーランドへせめいり第二次世界大戦を引きおこす。ユダヤ人絶滅計画を作成し、1945年までに強制収容所で約600万人のユダヤ人を虐殺した。敗戦間近の大戦末期に自殺した。

クウェートに侵攻したイラクに対し、国連が撤退をもとめたけど、イラクのフセイン大統領が拒否したからなんだ。

● 42日間で終わった湾岸戦争

サッチャー首相の主張を受けた、当時のアメリカのブッシュ大統領は、イラク軍をクウェートから追いだすために、15万（のちに50万に増強）の軍隊をサウジアラビアに派遣しました。

また、国連の安全保障理事会はイラクを侵略者とみなし、クウェートから撤退させるためにはあらゆる手段を使うことを決議しました。

これに対してフセイン大統領は、イスラエルがパレスチナの占領地から撤退することを引きかえ条件として、アラブ人の支持を得ようとします。しかし、イラクを支持したのは、ヨルダン、イエメン、チュニジア、PLO（パレスチナ解放機構 →38ページ下）だけでした。

国連が示した攻撃までの猶予期限は45日間でしたが、イラク軍は撤退しませんでした。そのため1991年1月、アメリカが指揮する28か国の多国籍軍がイラク軍への攻撃を開始し、湾岸戦争がはじまりました。この戦争は、多国籍軍の兵力がイラク軍を圧倒していたため、イラク軍はわずか42日間で撤退しました。

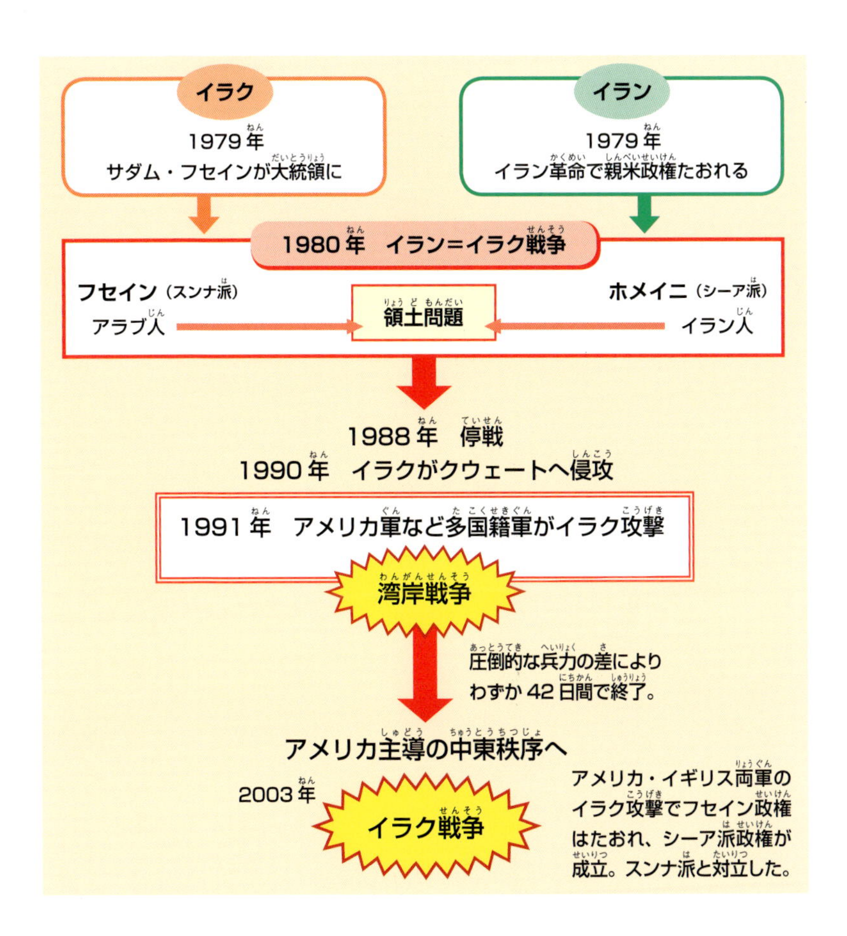

●生きのこったフセイン

この戦争で負けたフセインに対して、イラク国内では反体制運動がおきました。しかし、アメリカはフセインを追いつめようとはしませんでした。イラクが分裂し、混乱を引きおこすことをおそれたからです。

これにより、フセイン政権は勢いをもりかえし、強圧的な国内支配と石油利権を使うことで復活します。これが、のちにアメリカをなやます中東の火だねのひとつになります（→1巻14ページ）。

さらに、この戦争でアメリカ軍の進駐をみとめたサウジアラビアはアラブ諸国の信頼を失い、またイラクを支持したPLOの立場が悪化するなど、アラブ諸国に分裂が広がりました。

アメリカは湾岸戦争に勝利したものの、中東に深くかかわったため反米的テロを多発させる原因をつくってしまったのです。

「オスロ合意」が進展しなかったわけ

1991年の湾岸戦争後にスペインでひらかれた中東和平会議は、PLOぬきでおこなわれたため、失敗に終わりました。翌年イスラエルの和平派ラビンが首相となったことから、ノルウェーの仲立ちで、オスロで和平の話しあいがおこなわれ、おたがいを国家と自治政府としてみとめあう、イスラエルが少しずつ撤退するなどの合意に達しました（オスロ合意）。しかし、その後にラビン首相が暗殺され、アラファト議長も亡くなったため、和平交渉はそれ以上進みませんでした。

1994年ノーベル平和賞を受賞
アラファト（左）とラビン（右）が受賞したが、その後、和平は進まなかった。

日本では、どんな時代？
湾岸戦争で、日本は多国籍軍側に1兆円をこえる資金援助をした。しかし、クウェート政府が戦後に発表した協力国への「感謝リスト」に日本の名はなかった。お金を出しただけで、自衛隊派遣をしなかったことが理由といわれている。

イスラーム原理主義から過激派へ

■神秘主義から原理主義へ

8世紀ごろから、イスラームの広まりとともに、『クルアーン（コーラン）』の教えや「イスラーム法（シャリーア）」を守るだけでなく、神と一体となって、その教えをわかりやすく広めようとする人々が現れました。それらの人々を「イスラーム神秘主義（スーフィズム）教団」といいます。

12世紀ごろから、ムスリム（イスラーム教徒）の商人たちがアフリカやインド、東南アジアなどへ活発に出かけるようになると、教団の修行者もともに出かけて布教するようになりました。

しかし、彼らは各地の宗教とむすびついて、ムハンマドの教えからはなれることもあったため、18世紀にアラビア半島のワッハーブが、ムハンマド本来の教え（原理）にもどろうと「復興運動」をおこしました。これが、イスラーム原理主義のはじまりとされています。

■ジハードを一方的に解釈

19～20世紀には、ヨーロッパやアメリカなどが中東に侵攻して植民地支配をするようになりました。それにより「ウンマ」（イスラーム共同体）の伝統がくずれると、預言者ムハンマドの生きていた時代へ帰ろうとする運動が活発になりました。1930年代エジプトのムスリム同胞団や、1979年におきたイラン革命（→40ページ）、アフガニスタン戦争のイスラーム勢力タリバンやアルカイダ(→1巻10ページ)などのグループです。

それらのなかには『クルアーン』の教えにある「ジハード（聖戦）」の意味「努力」を「イスラームの敵との戦争」と一方的に解釈して、アメリカやヨーロッパ諸国と武力で戦おうとするグループが現れ、「過激派組織」とよばれています。2010年代なかばからは、中東の混乱から過激派組織IS（→1巻29ページ）が現れてテロを活発化させており、国際社会で大きな問題となっています。

トルコでのイスラーム神秘主義教団の儀式
イスラームの教えや知識よりも、自分の感覚で神と一体となって教えを説いたとされている。

過激派組織ISの指導者バグダディ
イラクとシリアにまたがる地域を武力で占領して、過激派組織ISによる独立を宣言。自らカリフを名乗る。

©Bridgeman Images/PPS 通信社

フランスの首都パリでおきた同時多発テロの現場
2015年11月13日、パリで過激派組織ISによるテロ事件がおき、130人が犠牲となった。現場では亡くなった人をいたむ花束が絶えない。

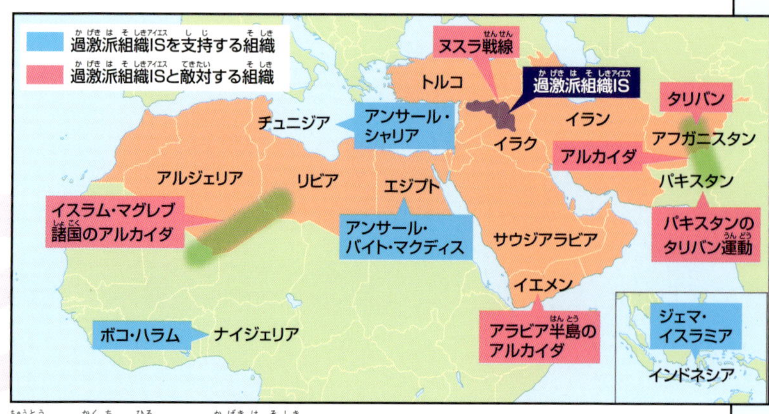

中東から各地に広がった過激派組織
民族や宗教宗派のちがいから、過激派組織ISを支持する組織と対立する組織が見られる。それぞれがISから強い影響を受けて、各地でテロ活動をおこなっている。

さくいん

監修

宮崎正勝 みやざき まさかつ

歴史家。1942年東京都生まれ。東京教育大学文学部卒業後、都立三田高校、都立九段高校教諭、筑波大学講師、北海道教育大学教授などを経て、現在はセミナー等の講師として活躍中。著書に『イスラム・ネットワーク』（1999年／講談社）、『世界全史』（2015年／日本実業出版社）、『歴史図解中東とイスラーム世界が一気にわかる本』（2015年／日本実業出版社）、『世界史の誕生とイスラーム』（2009年／原書房）など多数。

協力

和歌山県串本町役場

ジュブリエ・アイシェギュル・アルカン

写真協力

梅田紀代志、宮内庁正倉院事務所、PPS通信社、Shutterstock

P42 中央写真

©Unknown 1982 "Capture in Khorramshahr."

この写真は"クリエイティブ・コモンズ・ライセンス - 表示 - 継承 -3.0"

(https://creativecommons.org/licenses/by-sa/3.0/deed.en) の

下に提供されています。

P34 映画「アラビアのロレンス」Blu-ray・DVD発売中

発売・販売元：ソニー・ピクチャーズ エンタテインメント

執筆

安部直文

戸松大洋・原口結（ハユマ）

偕成社編集部

キャラクターイラストレーション

ミヤタジロウ

イラストレーション・地図

高橋正輝

梅田紀代志

酒井真由美

ハユマ

地図調製（p.16-17）

ジオカタログ

校正・校閲

鷗来堂

組版DTP

ニシ工芸

編集・制作

安部直文

戸松大洋・小西麻衣・原口結・

佐藤朝子・武田佳奈子（ハユマ）

イスラーム誕生から二十世紀まで

中東の歴史

発 行／2018年4月 初版1刷

発行者／今村正樹

発行所／偕成社

〒162-8450 東京都新宿区市谷砂土原町3-5

Tel:03-3260-3221［販売］03-3260-3229［編集］

http://www.kaiseisha.co.jp/

装丁・デザイン／岩郷重力+WONDER WORKZ。

印刷／大日本印刷

製本／東京美術紙工協業組合

48p 29cm NDC167 ISBN978-4-03-705120-4

乱丁・落丁本はおとりかえいたします。

本のご注文は電話・ファックスまたはEメールでお受けしています。

Tel:03-3260-3221 Fax:03-3260-3222 e-mail:sales@kaiseisha.co.jp

おもな参考文献

有賀貞『国際関係史 16世紀から1945年まで』（東京大学出版会）／亀井高孝ほか編『世界史年表・地図』（吉川弘文館）／国際連合広報センター編『国際連合とパレスチナ問題』（国際連合広報センター）／酒井啓子『イラクとアメリカ』（岩波新書）／柴宜弘編著『地図で読む世界史』（実務教育出版）／ジョン・L・エスポジト、山内昌之監訳『イスラーム世界の基礎知識』（原書房）／全国歴史教育研究協議会編『世界史用語集』（山川出版社）／高橋和夫『中東から世界が崩れる』（NHK出版）／武光誠監修『図解でよくわかる 世界の3大宗教 100の基礎知識』（宝島社）／谷澤伸ほか編『世界史図録ヒストリカ』（山川出版社）／帝国書院編集部編『明解世界史図説エスカリエ』（帝国書院）／成瀬治ほか編『山川世界史総合図録』（山川出版社）／橋本光平『国際情勢早わかり』（PHP研究所）／宮崎正勝『歴史図解 中東とイスラーム世界が一気にわかる本』（日本実業出版社）／宮田律『イスラム世界おもしろ見聞録』（朝日新聞出版）

年表で見る中東

古代文明からオスマン帝国滅亡までのポイント

中東の多くは乾燥した砂漠や草原ですが、メソポタミア周辺では、約9000年前の昔から農耕牧畜がおこなわれてきた最古の文明誕生の地でした。文明の発展とともに、多くの人が行き交って作物や肉などを売り買いするようになります。しかし、そうした豊かさは、争いをも生みだしました。戦争が生みだす不幸を宗教の力で収めようとしたのが、イスラーム（イスラーム教）を開いたムハンマドでした。

イスラームの教えをもとに争いのない理想の社会をつくろうと、さまざまな民族がときには協力しあい、ときには戦いながら、多くの国や王朝を開いて競いあいました。それらの民族のみならず、宗教をこえた国家を目指したのが、オスマン帝国でした。しかし、近代化を先に進めたヨーロッパ諸国やアメリカの前に、最後のイスラームの覇者オスマン帝国も、解体させられてしまいました。

年・月	できごと
約700万年前	アフリカで最初期の人類（猿人）が誕生。
約240万年前	アフリカで打製石器や火などを使う原人が登場。
約60万年前	ヨーロッパに旧人のネアンデルタール人が現れ、剝片石器などを使用。
約20万年前	アフリカにいまの人類の先祖にあたる新人ホモ・サピエンスが現れる。
約9000年前	西アジアでムギの栽培やヤギ、ヒツジなどの飼育がはじまる（農耕と牧畜の開始→8ページ）。
約7500年前	メソポタミアで川の水を利用したかんがい農業がはじまる（収穫の安定）。
約5000年前	エジプトのナイル川流域にかんがい農業が伝わったとされる。
前3000年ごろ	エジプトのナイル川流域に統一国家ができて、ピラミッドがつくられる（→9ページ）。
前2700年ごろ	シュメール人がメソポタミアにウルやウルクなどの都市国家をつくり、神殿をたてる。
前2000年ごろ	メソポタミアにアムル人がバビロン第一王朝をおこし、前1800年ごろハンムラビ王が登場。
前17世紀なかごろ	小アジアのアナトリア高原に鉄器を使用するヒッタイト人が国をつくり、バビロン第一王朝をほろぼす。
前1000年ごろ～	メソポタミアを中心にアッシリア、新バビロニアなどの国々がつぎつぎにおこる。
前1500年ごろ	ヘブライ人（のちのイスラエル人）がパレスチナに移住。王政でさかえるが、のちに南北に分裂。
前722年	北パレスチナのイスラエル王国がアッシリアにほろぼされる。
前586年ごろ	南パレスチナのユダ王国が新バビロニアに征服される。このころユダヤ教ができる（→10ページ）。
前550年ごろ	イラン人がアケメネス朝をおこす。
前525年	アケメネス朝のダレイオス1世、オリエントを統一。
前2世紀ごろ	ローマが地中海周辺のほぼ全体を支配する。
前30年	エジプトのプトレマイオス朝がほろぶ。
前27年	ローマが共和政から帝政にうつり、全盛期をむかえる。
紀元前後ごろ	ゲルマン人やスラブ人の大移動がおこる。
224年	イラン人がササン朝をおこす。後にゾロアスター教を国教とする。
395年	ローマ帝国東西に分裂する。
476年	ゲルマン人が勢力をのばし、西ローマ帝国がほろぶ。
570年ごろ	アラビア半島のメッカでイスラームを開いたムハンマドが誕生する（→12ページ）。
610年	ムハンマド、神アッラーのことばを授けられ、預言者となる。
622年	ムハンマド、信者らとともにメディナへうつる（ヒジュラ、聖遷→13ページ）。
651年	アラビア半島におこったイスラーム勢力との戦いにやぶれ、ササン朝ほろびる。
661年	イスラーム勢力のなかで力をのばしたアラブ人のムアーウィアが、ウマイヤ朝をひらく（→15ページ）。
8世紀はじめ	ウマイヤ朝が中央アジアから北アフリカ、イベリア半島まで領域を拡大。
750年	アラブ人ムスリム（イスラーム教徒）を優先するウマイヤ朝に対し、信者を平等にあつかうアッバース朝ができる。